装备制造业质量竞争力提升机制与路径研究

王 婷 王 馨 著

科学出版社

北 京

内 容 简 介

本书按照党的二十大报告提出的我国经济社会发展的战略目标要求，基于经济增长由高速发展向高质量发展方向转变的背景，以及"加快建设制造强国"的目标，面向装备制造业高质量发展的需求，构建了装备制造业质量竞争力评价体系，采用管理系统工程的理论方法深入探索质量竞争力的影响因素及其之间的作用机理以及提升路径，并从人因工程的角度，结合质量管理和竞争力相关经典理论重构质量竞争力的内涵和特征，发掘质量竞争力核心影响要素，并提出相应的优化对策，以期为装备制造业高质量发展提供参考。

本书适合作为管理科学与工程、工商管理、工程管理高年级本科生、研究生的教学参考书，也适合作为企业管理者的实践参考书。

图书在版编目（CIP）数据

装备制造业质量竞争力提升机制与路径研究/王婷，王馨著. —北京：科学出版社，2024.6
　ISBN 978-7-03-078557-2

　Ⅰ. ① 装…　Ⅱ. ① 王…　② 王…　Ⅲ. ① 装备制造业–产品竞争力–研究–中国　Ⅳ. ① F426.4

中国国家版本馆 CIP 数据核字(2024)第 102001 号

责任编辑：郝　悦／责任校对：张亚丹
责任印制：张　伟／封面设计：有道设计

科学出版社 出版
北京东黄城根北街 16 号
邮政编码：100717
http://www.sciencep.com
固安县铭成印刷有限公司印刷
科学出版社发行　各地新华书店经销
*

2024 年 6 月第 一 版　开本：720 × 1000　1/16
2024 年 6 月第一次印刷　印张：10 1/4
字数：220 000
定价：**118.00 元**
（如有印装质量问题，我社负责调换）

　　装备制造业作为国民经济的支柱产业，与区域经济水平息息相关。结合加快建设制造强国的目标，装备制造业的发展被提升到了一个新的高度，由此可见对于质量的重视颇高。

　　质量竞争力作为装备制造业的核心命脉，吸引着不少学者对其进行研究，质量竞争力不仅反映出企业的技术水平，也象征着国家和民族的形象。如何增强企业质量竞争力使其适应不断变化的市场，并获得持久的市场竞争地位，一直备受社会、政府和企业的关注。装备制造企业需要不断提高产品质量水平以适应市场经济的发展，满足人民不断增长的物质需求。因此，如何使装备制造业的投入合理高效运用是当前亟待探讨的问题。

　　本书首先聚焦于装备制造企业质量竞争力，按概念重构、系统建模和实际应用框架，分别对质量竞争力内涵、质量竞争力相关特征、质量竞争力关键影响因素及作用路径进行研究，考虑到质量竞争力的提升是一个长期、滚动的动态过程，以及质量竞争力具有系统性、复杂性和动态性的特点，利用系统动力学处理问题的思路及方法完成对提升质量竞争力的评价，筛选出关键指标，并以贵州省为例进行实证分析。为进一步深入探索质量竞争力的影响因素之间的作用机理以及提升路径，从人因工程的角度，结合质量管理和竞争力相关经典理论重构质量竞争力的内涵和特征，发掘质量竞争力核心影响要素，并结合访谈调研和现场观察的方法，从员工因素、设施因素、物料因素、技术因素和质量环境五个层面及人–生产过程交互出发，构建五个层面和交互匹配对质量竞争力影响研究模型。

　　其次，将构建的模型应用于贵州省装备制造企业，借助数学分析软件SPSS 22.0，采用因子分析方法对影响因素集进行降维，用逐步回归的方法识别出关键影响因子，修正"影响因素–质量竞争力"的关系模型；采用建模软件 Amos 22.0 通过结构方程模型（structural equation model，SEM）的方法测量影响因子对质量竞争力的影响强弱，依据结构方程模型的参数估计值剖释影响因子对质量竞争力的综合影响效应。

最后，从政府、企业和员工三个层面给出提升贵州省装备制造企业质量竞争力的建议。①从政府的角度看，政府应发挥好中介作用，监管企业合作，促进企业合作的良性发展。多举办员工技能大赛，组织企业多多参与，鼓励企业充分发挥主观能动性，积极主动地探索提升员工技能的模式。②从企业的角度看，重视生产，加大生产投入，提高生产水平是重中之重。为了把握住生产参与者的积极性，企业应建立有效的沟通激励机制以及系统的保障机构来提高员工的专业素养和积极性，重视质量环境建设，加强企业质量文化培养。③从员工的角度看，作为生产过程中的主体，劳动生产者扮演着重要的角色。员工应主动参与技能大赛和相应的技能培训以提升专业素养，在实际工作中应注重产品质量的把握，将所学技术用于实际，应注重提升自身动手能力和沟通能力，学以致用，保证所生产产品的质量。

衷心感谢科学出版社编辑团队，他们为本书的出版高效而又细致地做了大量的工作。

本书的研究项目得到了国家自然科学基金项目、贵州省科学技术基金（黔科合基础-ZK[2021]一般 275）、贵州省软科学项目以及贵州大学文科重点学科及特色学科重大科研项目的资助，在此作者向其表示衷心的感谢。

在此感谢潘世成参与了本书第 6 章、第 7 章的撰写工作。同时，本书研究得到了企业的大力支持，在此对所有提供支持和帮助的企业及领导表示衷心的感谢。

限于作者的学术水平，本书难免存在不足，敬请专家和读者在阅读和使用此书过程中提出宝贵意见。

王　婷

2023 年 12 月于贵州大学致远楼

目　　录

第四篇 总结与展望

第一篇

导　论

第 1 章

概　　述

1.1　研究背景和意义

1.1.1　研究背景

1. 装备制造业在国民经济中占有重要地位

"装备制造业"的正式出现，见诸 1998 年中央经济工作会议明确提出的"要大力发展装备制造业"。制造业的核心是装备制造业，对于装备制造业，人们的认识不尽相同，尚无公认一致的定义和范围界定。通常认为，制造业包括装备制造业和最终消费品制造业。装备制造业是为国民经济进行简单再生产和扩大再生产提供生产技术装备的工业的总称，即生产机器的机器制造业。

装备制造业又称装备工业，是为满足国民经济各部门发展和国家安全需要而制造各种技术装备的产业总称，是机械工业的核心部分，承担着为国民经济各部门提供工作母机、带动相关产业发展的重任，可以说它是工业的心脏和国民经济的生命线，是支撑国家综合国力的重要基石。按照《国民经济行业分类》（GB/T 4754—2017），其范围具体包括八个行业大类中的重工业：①金属制品业；②通用设备制造业；③专用设备制造业；④汽车制造业；⑤铁路、船舶、航空航天和其他运输设备制造业；⑥电气机械和器材制造业；⑦计算机、通信和其他电子设备制造业；⑧仪器仪表制造业。在《国民经济行业分类》（GB/T 4754—2017）中，对应的行业代码是33、34、35、36、37、38、39、40。

装备制造业占全国工业各项经济指标的比重高达 20%以上。装备制造业产品出口额占全国外贸出口总额的比重也高达 25.46%。1953～1998 年，中国国内生产总值（gross domestic product，GDP）的年均增长率为 7.8%，工业年均增长率为 11.9%，而装备制造业年均增长率为 17.6%，比 GDP 的增长速度高出 9.8 个百分点，是带动经济快速增长的发动机。

随着我国步入工业化后期，我国已发展成为涵盖工业门类最多的国家，成为世界第一制造大国，与此同时，工业发展"大而不强"产业结构不合理，发展不平衡、不充分等问题逐渐显现。近年来，结合我国的经济发展形势，政府的工作会议中多次提到了"高质量发展""制造强国"等相关内容，这些政府"思想库"为本书研究提供了方向，如表 1-1 所示。

表 1-1　相关会议内容

会议/政策名称	相关内容	时间
中国共产党第十九次全国代表大会	我国经济已由高速增长阶段转向高质量发展阶段，正处在转变发展方式、优化经济结构、转换增长动力的攻关期，建设现代化经济体系是跨越关口的迫切要求和我国发展的战略目标。必须坚持质量第一、效益优先，以供给侧结构性改革为主线，推动经济发展质量变革、效率变革、动力变革，提高全要素生产率，着力加快建设实体经济、科技创新、现代金融、人力资源协同发展的产业体系，着力构建市场机制有效、微观主体有活力、宏观调控有度的经济体制，不断增强我国经济创新力和竞争力	2017 年 10 月
2018 年中央经济工作会议	"推动制造业高质量发展"是下年度的首要重点工作任务，"要推动先进制造业和现代服务业深度融合，坚定不移建设制造强国。要稳步推进企业优胜劣汰，加快处置'僵尸企业'，制定退出实施办法，促进新技术、新组织形式、新产业集群形成和发展。要增强制造业技术创新能力，构建开放、协同、高效的共性技术研发平台，健全需求为导向、企业为主体的产学研一体化创新机制，抓紧布局国家实验室，重组国家重点实验室体系，加大对中小企业创新支持力度，加强知识产权保护和运用，形成有效的创新激励机制"	2018 年 12 月
《政府工作报告》	进一步强调要"围绕推动制造业高质量发展，强化工业基础和技术创新能力，促进先进制造业和现代服务业融合发展，加快建设制造强国。打造工业互联网平台，拓展'智能+'，为制造业转型升级赋能。支持企业加快技术改造和设备更新，将固定资产加速折旧优惠政策扩大至全部制造业领域。强化质量基础支撑，推动标准与国际先进水平对接，提升产品和服务品质，让更多国内外用户选择中国制造、中国服务"	2019 年 3 月
十九届五中全会	强调了要"坚持把发展经济着力点放在实体经济上，坚定不移建设制造强国、质量强国、网络强国、数字中国，推进产业基础高级化、产业链现代化，提高经济质量效益和核心竞争力"。除此之外，大会还强调了坚持创新驱动发展，全面塑造发展新优势，推动绿色发展，促进人与自然和谐共生	2020 年 10 月
2020 年中央经济工作会议	会议强调要"坚持稳中求进工作总基调，立足新发展阶段，贯彻新发展理念，构建新发展格局，以推动高质量发展为主题，以深化供给侧结构性改革为主线，以改革创新为根本动力，以满足人民日益增长的美好生活需要为根本目的"	2020 年 12 月
《政府工作报告》	着力提升发展质量效益，保持经济持续健康发展。继续完成"三去一降一补"重要任务。对先进制造业企业按月全额退还增值税增量留抵税额，提高制造业贷款比重，扩大制造业设备更新和技术改造投资。增强产业链供应链自主可控能力，实施好产业基础再造工程，发挥大企业引领支撑和中小微企业协作配套作用。发展工业互联网，促进产业链和创新链融合，搭建更多共性技术研发平台，提升中小微企业创新能力和专业化水平	2021 年 3 月

续表

会议/政策名称	相关内容	时间
中国共产党第二十次代表大会	坚持把发展经济的着力点放在实体经济上，推进新型工业化，加快建设制造强国、质量强国、航天强国、交通强国、网络强国、数字中国。实施产业基础再造工程和重大技术装备攻关工程，支持专精特新企业发展，推动制造业高端化、智能化、绿色化发展。巩固优势产业领先地位，在关系安全发展的领域加快补齐短板，提升战略性资源供应保障能力	2022 年 10 月
十四届全国人大二次会议	大力推进现代化产业体系建设，加快发展新质生产力。充分发挥创新主导作用，以科技创新推动产业创新，加快推进新型工业化，提高全要素生产率，不断塑造发展新动能新优势，促进社会生产力实现新的跃升。实施制造业技术改造升级工程，培育壮大先进制造业集群，创建国家新型工业化示范区，推动传统产业高端化、智能化、绿色化转型。加快发展现代生产性服务业	2024 年 3 月

从以上政策中可以看出我国经济发展已从高速发展转变为高质量发展，制造业也发生了重要的变化，呈现出高速—高质量—智能化的发展趋势，在此过程中，科技、人才、创新缺一不可，同时，生态环境的重要性也不可忽略，生态红线不可破，除此外还强调了实体经济的重要性，而装备制造业作为实体经济的重要组成部分，是促进制造业高质量发展的主战场。因此，在新时代经济背景下，以高质量发展为导向、建设制造强国战略的重要使命之一是推进装备制造业高质量发展。习近平总书记强调，"发展是第一要务，人才是第一资源，创新是第一动力"[①]。装备制造业高质量发展的持续推进需要把创新放在首位，人才是创新的根基，而全要素生产率是一切由创新带来的效率改进。

2. 质量是装备制造业高质量发展的根本所在

质量贯穿了产品实现的全过程，质量管理专家朱兰（Juran）曾经提出一个螺旋模型来表述产品质量形成的规律性，其中包括下列主要职能：市场研究、产品实现的策划、设计和开发、采购、生产和服务提供、销售、服务、测量分析和改进等，各个环节之间相互作用循环形成了质量本身。"朱兰模型"是用来表述质量相互作用活动的概念模型，是一条呈螺旋上升的曲线，它把全过程中各质量职能按逻辑顺序串联起来，用以表征产品质量形成的整个过程及其规律性，通常称为"朱兰质量螺旋"或者"质量

---

① 《习近平：发展是第一要务，人才是第一资源，创新是第一动力》，https://www.gov.cn/xinwen/2018-03/07/content_5272045.htm[2023-12-05]。

环"，它大致包括市场研究、产品开发、设计、生产技术准备、制订制造计划、采购、测试仪表配置、生产制造、工序控制、检测等重要环节，如图 1-1 所示。

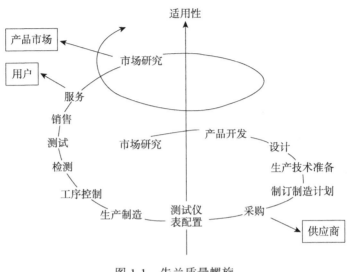

图 1-1　朱兰质量螺旋

质量模型直观地反映了质量的产生、形成和发展的客观规律，为质量管理提供了有效的参考，同时也指出了质量对于产品的重要性，可以认为质量是企业竞争力的根本所在，质量竞争力是企业竞争力的核心要素，但是，长久以来，我国装备制造业的发展较重视数量而对质量有所忽视，强调以量取胜而不是以质取胜，这使得许多产品在国际上的竞争力较弱，而随着国民经济实力的提升，政府、企业、顾客越来越多地关注产品的质量而不再是成本（唐萌，2014）。质量是根，产品是叶，根深才能叶茂。随着我国装备制造业生产设施在软件和硬件上逐渐齐全，配套资源的自动化和智能化程度逐渐提高，由器械加工引起的质量缺陷问题的比例逐年减少，Read 等（2012）研究发现在生产过程中，由员工操作失误引起的质量缺陷问题已经成为主要因素。据不完全统计，全球每年由人员操作失误引起的伤亡事故率达 60% 以上，导致的重大事故率也高达 80% 以上，并且每年事故率呈现递增趋势。因此，突破传统以"物"为导向的质量竞争力研究，向以"人"为导向的转变，挖掘产品质量竞争力系统中的影响要素，可以避免由人失误引起的质量风险。

    装备制造业是制造业的核心产业，装备制造业高质量发展能够为实现制造强国提供装备和技术支撑，因此怎样打破传统观念的限制，突破现有的障碍，从根源上提升装备制造业的质量竞争力，无疑会成为人们关注的焦点。国家质量监督检验检疫总局（现国家市场监督管理总局）曾多年发布《全国制造业质量竞争力指数公报》，该指数对全国几十万家制造企业的数据进行分析，得到全国（图 1-2）以及各地区（表 1-2）制造业、制造业各行业质量竞争力指数（表 1-3），能反映出各个制造业的质量水平。质量竞争力指数包括质量水平和发展能力两个二级指标，标准与技术水平、质量管理水平、质量监督与检验水平等六个三级指标，以及产品质量等级品率、工程技术人员比重、质量管理体系认证率等 12 个四级指标（表 1-4），其中，质量水平指标反映的是"质量发展的当前状况"，是对"现状"的测量；质量水平指标是根据对标准与技术水平、质量管理水平、质量监督与检验水平等质量指标的测量来评价行业或地区的质量水平。发展能力指标反映的是"质量发展的持续能力"，是对"潜力"的测量；发展能力指标是根据对研发与技术改造能力、核心技术能力和市场适应能力等与质量相关的科技投入与产出指标的测量来评价行业或地区的质量发展能力。质量竞争力指数旨在研究质量因素在塑造核心竞争力过程中发挥作用的程度，它通过分析与质量密切相关的因素以建立评价指标体系，并运用适宜的指数化评价方法进行量化测评而得来，可以简明、直观地体现质量竞争力的水平和状态。

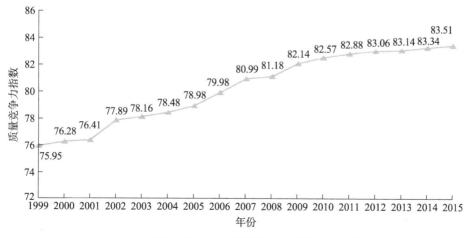

图 1-2   1999～2015 年全国制造业质量竞争力指数

表 1-2 2015 年各地区制造业质量竞争力指数

地区	质量竞争力指数	地区	质量竞争力指数
北京	91.36	湖北	85.21
天津	89.81	湖南	85.18
河北	81.84	广东	87.32
山西	79.50	广西	78.86
内蒙古	79.75	海南	84.70
辽宁	82.22	重庆	85.88
吉林	79.38	四川	83.86
黑龙江	82.23	贵州	80.62
上海	93.58	云南	80.17
江苏	89.86	西藏	78.06
浙江	90.52	陕西	85.23
安徽	86.22	甘肃	79.59
福建	84.79	青海	76.33
江西	80.99	宁夏	80.97
山东	84.05	新疆	80.25
河南	80.31		

表 1-3 2015 年制造业各行业质量竞争力指数

行业	质量竞争力指数
农副食品加工业	77.57
食品制造业	80.88
酒、饮料和精制茶制造业	82.02
烟草制品业	83.49
纺织业	78.95
纺织服装、服饰业	77.08
皮革、毛坯、羽毛及其制品和制鞋业	74.52
木材加工和木、竹、藤、棕、草制品业	77.96
家具制造业	77.95
造纸和纸制品业	80.53
印刷和记录媒介复制业	80.31
文教、工美、体育和娱乐用品制造业	79.92
石油加工、炼焦和核燃料加工业	77.77
化学原料和化学制品制造业	84.33
医药制造业	91.43
化学纤维制造业	85.68
橡胶和塑料制品业	82.90
非金属矿物制品业	79.59
黑色金属冶炼和压延加工业	81.44
有色金属冶炼和压延加工业	80.93

行业	质量竞争力指数
金属制品业	81.30
通用设备制造业	87.12
专用设备制造业	87.95
汽车制造业	87.51
铁路、船舶、航空航天和其他运输设备制造业	89.00
电气机械和器材制造业	88.43
计算机、通信和其他电子设备制造业	90.74
仪器仪表制造业	90.20
其他制造业	81.88

表 1-4 制造业质量竞争力指数

一级指标	二级指标	三级指标	四级指标
质量竞争力	质量水平	标准与技术水平	产品质量等级品率
			工程技术人员比重
		质量管理水平	质量管理体系认证率
			质量损失率
		质量监督与检验水平	产品监督抽查合格率
			出口商品检验合格率
	发展能力	研发与技术改造能力	研究与实验发展经费比重
			技术改造经费比重
		核心技术能力	每百万元产值拥有专利数
			新产品销售比重
		市场适应能力	人均产品销售收入
			国际市场销售率

以上评价体系从国家整体层面出发，从宏观的角度反映了我国制造业所处的水平，该体系对于我国经济质量决策及提高我国经济增长的质量和可持续发展能力有正向作用，同时便于多种形式与多种经济成分的质量竞争力比较、分析，有助于建立完整、协调的国家宏观质量水平评价指标体系；从微观层面看，质量竞争力指数的测量、分析与利用可以为组织有针对性地持续改进产品与服务质量，制定行之有效的质量经营战略提供决策支持。概括起来，质量竞争力指数在微观层面有如下五个方面的意义，如表 1-5 所示。

在国际方面，我国由中国工程院、国家制造强国建设战略咨询委员会等部门在制造强国战略研究的基础上构建了包括规模发展、质量效益、结构优化、持续发展四个一级指标，以及制造业增加值、制造业出口占全球制造业出口总额比重等 18 个二级指标的制造强国评价指标体系，并应用该体系对所选的典型国家的制造强国发展水平进行分析，根据制造业的发展情况，不断优化相关指标及评价工作，为我国在 2025 年迈入世界制造业强国行列提供科学依据，如表 1-6 所示（"制造强国的主要指标研究"课题组，2015）。

结合我国的实际情况，将以上四个一级指标按照对构建制造强国的相对重要性由大到小排列，依次为质量效益、持续发展、结构优化、规模发展。可以看出，质量效益指标相对于其他三项更重要，持续发展与结构优化指标的重要性基本持平，规模发展指标的重要性略显逊色，这与我国目前制造业的发展情况较为吻合。通过查询资料，我国 2012～2019 年制造强国发展指数如图 1-3 所示。

表 1-5　质量竞争力指数的意义

意义	解释
揭示了组织获得长期质量竞争优势的关键因素	这些关键因素包括积极采用国际标准和国外先进标准，改进产品实物质量水平和质量管理水平，降低质量经营成本，提高顾客满意度和增加质量资源投入等。通过发布行业、地区或国家质量竞争力指数，可以引导组织了解其标准与技术水平的实际状况，重视国家对产品质量的监督与抽查结果，关注消费者对自身产品的评价，提高组织自身的质量管理水平，从而帮助组织在市场竞争中获得持久的质量竞争优势
为组织提供了与竞争对手进行水平对比的共同平台和技术框架	通过这种比对，组织可以找出其在质量经营中的不足，进行有针对性的改进和提高。质量竞争力指数可以预测组织未来的发展前景。如果组织的质量竞争力严重不足，即使组织当前的经济指标（如市场占有率、利润率等）表现良好，也会在激烈的市场竞争中处于劣势而逐步被淘汰
有利于提高组织的投资回报率、增强市场适应性	质量竞争力指数的测量方法将质量管理、科技投入活动与质量经营的经济效果联系起来，使得质量竞争力指数的量值既反映组织的投入产出率，又反映组织现实及潜在的市场适应能力
成为组织制定质量目标、评价自身质量经营状况的参考依据之一	质量竞争力与组织的经营业绩及长远发展趋势存在密不可分的联系。质量竞争力指数不仅可以作为组织管理的技术指标和具体手段，而且可以作为组织管理追求的战略目标之一。组织可以按相关标准的要求，根据行业和组织特点的实际，参考质量竞争力指数，使制定的质量目标具有符合性、适宜性、充分性和有效性。如果组织能够获得卓越的质量竞争力，市场就会给组织带来高额的经济利益。卓越的质量竞争力也可以成为组织的一项具有长期价值的战略性无形资产。如果组织在行业中拥有较高的质量竞争力，就会逐步在消费者或用户中形成良好的商誉，从而产生组织渴求的品牌效应
有助于组织持续改进组织的管理者需要	使用一个质量绩效测评系统来监控质量经营状况，并发现其发展趋势。通过其预警作用，组织能在不理想的结果发生之前就采取预防措施。这正是现代组织进行质量绩效测评的根本原因和动机

表 1-6 制造强国评价指标体系

一级指标	二级指标	选取维度
规模发展	制造业增加值	规模总量
	制造业出口占全球制造业出口总额比重	规模竞争力
质量效益	出口产品召回通报指数	产品质量水平
	本国制造业拥有的世界知名品牌数	
	制造业增加值率	产业效率
	制造业全员劳动生产率	
	高技术产品贸易竞争优势指数	产业效益
	销售利润率	
结构优化	基础产业增加值占全球基础产业增加值比重	国际产业结构优化
	《财富》世界 500 强中本国制造业企业营业收入占全部制造业企业营业收入比重	
	装备制造业增加值占制造业增加值比重	国内产业结构优化
	标志性产业的产业集中度	
持续发展	单位制造业增加值的全球发明专利授权量	创新能力
	制造业研发投入强度	
	制造业研发人员占制造业从业人员比重	
	单位制造业增加值能耗	绿色发展
	工业固体废物综合利用率	
	网络就绪指数（networked readiness index，NRI）	信息化水平

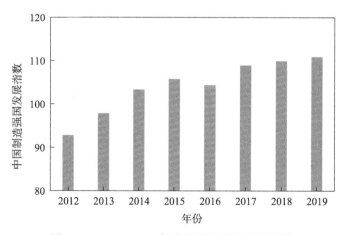

图 1-3 2012～2019 年中国制造强国发展指数

1.1.2 研究意义

质量自被学者认定是决定企业竞争力的重要因素以来，不断地被学术界研究和探索。质量竞争力通常被看作企业的一种综合素质的表现，能够反映出企业生产经营的整体情况，促使企业适应复杂多变的竞争市场。学者认为企业在质量方面的优势和赢得市场之间具有直接关联，从中可实现可持续发展。随着"质量兴国""质量强国"已成为国家战略，提升质量竞争力不仅可以提升企业的水平，更是整个国家实力的展现，本书立足装备制造企业在质量转型中面临的挑战，从提升路径和发展规划方面给予参考性建议，具有积极的现实意义。

1. 理论方面

本书将在现有研究的基础上拓展质量竞争力的内涵，以贵州省为研究对象，考虑企业的生产能力、创新能力、可持续发展的相关因素，结合人因工程思想，重新定义质量竞争力的内涵。立足企业内部微观层面，从员工、设施、物料、技术和质量环境五个方面深入分析人在企业生产加工过程中的作用机理，构建出企业层面质量竞争力路径模型，借助经典的数学模型——结构方程模型，定量测度各要素与质量竞争力之间的影响强弱。同时，创新地采用系统动力学的方法，深层次地研究质量竞争力、生产水平、创新能力、管理能力以及可持续发展之间的内生关系。

首先，质量竞争力系统具有非线性、动态性、复杂性、唯一性、容错性等特点，依靠单一的指标变量只能测评质量竞争力大小，无法从系统内部描绘质量竞争力要素之间的影响作用机理。其次，鲜有学者以人因工程视角探索质量竞争力系统。本书以人为出发点，并从员工因素、设施因素、物料因素、技术因素、质量环境和人-生产过程交互六个方面试探质量竞争力系统黑箱结构，不仅可丰富质量竞争力的研究内涵，还可拓宽质量竞争力的研究思路。同时本书将从系统的角度来考虑质量竞争力、生产水平、创新能力、管理能力以及可持续发展水平之间的关系，克服客观因素的影响，为相关的理论研究提出新的思路，使理论研究产生现实意义。

2. 应用方面

（1）构建适合贵州省装备制造企业质量竞争力影响因素之间的作用路径模型，给出相关建议和对策，为企业经营发展提供科学的对策与建议，以及从人因工程角度，结合结构方程模型相关理论，补充该方法的应用场景。首先，本书依据贵州省当地装备制造企业的特点，从人因工程理论角度入手，分析员工、设施、物料、技术、环境以及人-生产过程交互与质量竞争力的关系，初步探索质量竞争力系统内部结构。结合实际调研获取的数据，采用多元线性回归方法进行模型拟合，检验假设模型。其次，根据最终模型构建结构方程模型，结合实际数据测量潜在变量与自变量的影响，为选择最优路径提供更加准确的参考。最后，贵州省制造企业正处于发展的关键阶段，制造企业的质量竞争力有待提高，如何提升贵州省装备制造企业的质量竞争力，既是发展西部地区制造业的重要保障，也是加速我国实现新型工业化发展的重要议题。

（2）基于贵州省省情构建评价体系和模型，给出提升贵州省装备制造业质量竞争力的建议和对策，为企业经营提供更有力的支持，为政府决策提供更科学的参考。在研究的过程中运用系统动力学理论，拓展该方法的理论和应用研究。首先，本书结合贵州省的现状分析制约贵州省装备制造业质量竞争力发展的关键因素，结合创新和绿色发展两个模块，使研究更具全面性，并为企业的生存与发展提供有力的数据支持。其次，质量竞争力的研究和应用不仅对企业提升质量水平提供支持，提高企业的生产效率，还能促进作为制造业龙头的装备制造业的发展，提升区域竞争力。最后，贵州省装备制造业质量竞争力提升的研究，为加速我国西部工业发展改革提供借鉴，同时还有利于拓展相关理论，为后续的研究打下基础。

1.2 研究内容和方法

1.2.1 研究内容

本书结合人因工程、心理学、质量竞争力、系统动力学等相关理论知识，研究质量竞争力的影响因素及提升路径。研究内容如下。

1. 理论介绍

本书简述了学者对质量竞争力的定义，分析现有质量竞争力的研究现状，结合贵州省装备制造业的现状，从系统及人因工程的角度入手，在已有文献的基础上总结出质量竞争力的内涵，并介绍了人因工程、系统动力学的相关理论。

2. 影响因素确定

本书结合质量竞争力及其相关理论和人因工程思想，筛选出质量竞争力初始因素影响集，分析每个因素与质量竞争力的关系。围绕员工与生产过程对质量竞争力形成的影响路径，提出人-生产过程交互模型（human-production model，PHM），从微观上分析员工、设施、物料、技术和环境等因素以及人-生产过程交互对质量竞争力提升的影响，提出影响因素对质量竞争力影响路径的研究模型。同时，在现有评价指标体系的基础上，运用专家打分法、实地调研法、问卷分析法等提取出关键指标，将生产水平、创新能力、管理能力及可持续发展水平的相关影响因素考虑成一个整体系统来探索构建影响装备制造业质量竞争力的评价指标体系。

3. 数据处理及实证研究

借助数学分析软件 SPSS 22.0 检验问卷的信度和效度，用多元统计中的因子分析法对影响因子进行降维，对人-生产过程交互量表和质量竞争力进行因子分析；分析各因子之间、各维度之间的相关性，然后通过多次逐步回归的方式识别出影响质量竞争力的关键因子。基于以上分析，建立以关键因子为自变量，以人-生产过程交互为中介变量，以质量竞争力为因变量的初始结构方程模型，通过结构方程模型建模方法对初始模型进行优化，以及研究关键因子对质量竞争力的影响路径，并分析各个因子对交互效率的影响程度。同时，根据已建立的评价指标体系，在确定模型的边界、模型变量、反馈回路图以及分析模型的构成要素之后，结合系统动力学的相关建模方法建立贵州省装备制造业质量竞争力的评价系统，其中包括生产水平、创新能力、管理能力及可持续发展四个子系统。通过对贵州省装备制造业进行调研，分析装备制造业的现状，结合已建立的系统动力学模型，对贵州省装备制造业的质量竞争力现状进行仿真建模。

4. 总结和展望

最后本书对正文质量竞争力部分进行回顾，归纳本书取得的主要成果，指出研究中的不足之处，同时也浅谈了下一步挖掘质量竞争力的主要方向。

1.2.2　研究方法

本书结合结构方程模型，修正了质量竞争力路径模型，探讨了员工、设施、物料、技术和环境与质量竞争力之间的内生关系，进一步分析了各要素融入人-生产过程交互情景对质量竞争力的作用效果。同时，从系统内部剖析质量竞争力各要素之间的联系，结合系统动力学的方法，构建了贵州省装备制造业质量竞争力评价模型，通过建模，探讨了创新能力、绿色发展的相关影响因素和质量竞争力之间的内生关系，从系统的角度分析了提升质量竞争力的方法，本书主要运用了以下几种方法来完成研究。

1. 文献分析法

通过查阅分析现有的质量竞争力、创新、绿色发展、质量管理和人因可靠性的文献，总结评价指标中的关键因素，并且定义了质量竞争力的内涵，构建了质量竞争力影响路径，为后续的研究提供了理论支撑。

2. 数学建模

本书主要采用系统动力学建模的方法，利用系统的理论来考虑质量竞争力的影响因素，确定了本书的主体思想和方法论。

3. 定性定量相结合

本书主要运用结构方程建模的方法，从系统工程角度分析质量竞争力的影响因素，修正了质量竞争力影响路径模型，计算出各路径权重，为提升质量竞争力提供直观的参考依据。此外，本书从理论分析角度确定了质量竞争力的内涵以及相关指标，采用系统动力学软件 Vensim 将定性的研究结果数量化，并且通过建模进行定量分析。

4. 实地调研法

本书通过对贵州省装备制造业的调研走访，了解了贵州省装备制造业的现状，为后续提取关键影响因素和模型构建打下了基础，也使得研究更贴近贵州省现状，通过接触一线工作人员，了解他们的看法，方便后续研究。

1.3　本　章　小　结

本章从装备制造业在国民经济中的重要地位、质量是装备制造业的立根之本以及贵州省装备制造业的发展现状几个方面展开介绍本书的研究背景，并结合政策方针以及贵州省当前装备制造业的转型升级现状给出了研究意义，除此外还介绍了研究内容和方法，为后续研究奠定大致框架。

第 2 章

相关理论及国内外研究概况

2.1　相　关　理　论

2.1.1　竞争力理论

现如今，随着经济全球化和世界一体化的不断演变，所有国家和企业都面临着激烈的市场竞争环境。20 世纪下半叶至今，世界各国已将竞争力作为研究热点，作为竞争力的分支，质量竞争力的相关研究能够支撑竞争力的研究体系，有助于明晰竞争力发展现状，为深入研究质量竞争力打下坚实的基础。

波特（1997）认为企业竞争力是指企业在发展中所形成的有价值的、不可复制且难以转移的一种能力。《贸易政策术语词典》把竞争力解释为某一企业或者某一部门甚至整个国家在经济效率上不被其他企业、部门或者国家所击败的能力。

竞争力的概念覆盖范围广泛，涉及所有企业或者领域，是参与者面对资源壁垒状态下能够获得生存和持续发展的基础，它包括产品竞争力、营销竞争力、人员竞争力、品牌竞争力、质量竞争力等。依据可获得的竞争力相关文献整理可得，不同国家的学者对于竞争力内涵见解依然存在分歧。Pralahalad 和 Hamel（1990）把企业竞争力视为独特的、难以复制且能产生价值的一种能力，企业拥有这种能力才能生存和发展。国内学者金碚（2003）认为竞争力是指企业能够有效地、持续地为消费者（市场）供应产品或服务，同时自身也能不断成长的一种能力。

竞争力理论最早源自以古典学派为代表的经济学理论，最具有代表性的是李嘉图（Ricardo）的比较优势理论和马歇尔（Marshall）的集聚优势理论。最初这些理论框架并没有标明属于竞争力，但却阐明了国际分工体系形成产生的优势，成为早期竞争力理论的基础，梳理竞争力发展如表 2-1 所示。

表 2-1　经典企业竞争力理论及代表人物或组织

理论及代表人物或组织	主要理论观点
产业组织理论 Porter（1983）	波特对产业组织理论的研究以结构−行为−绩效（structure-conduct-perform-ance，SCP）理论与分析为基础，更倾向于分析对企业内部产出有影响的外部市场竞争，提出了竞争优势理论，并建立了分析竞争力的五种模式，以及提出成本控制、产品创新、目标一致的三种重要战略，同时认为决定企业是否营利的主要因素是行业吸引力
企业资源基础理论 Wernerfelt（1984）	公司内组织或团体具有特有资源和相应能力，这种能力也成为企业在竞争中获取优势的基础；对于企业而言，相比外部环境，内部环境在公司开拓市场和占据市场中具有更重要的地位
企业竞争力能力理论 Pralahalad 和 Hamel（1990）	核心能力观和整体能力观是这个学派的主要观点。核心能力观强调在企业生产过程、经营环节中要不断地积累学习，要协调组织中不同生产技能和知识的有效结合；整体能力观强调企业成员具备的知识和专业技能的相互交互，以及知识共享的组织程序。这两种观点都着重企业内部信息（行为信息、生产过程信息）的特有优势
国际竞争力比较理论 世界经济论坛（World Economic Forum，WEF）和瑞士洛桑国际管理发展学院（International Institute for Management Development，IMD）	把竞争力上升到宏观层面和国家层面，旨在构建一套完整的、系统的国际竞争力测评体系；结合国际环境要素，衡量经济效益水平
竞争动力学理论 Teece 等（1997）	突破竞争力研究指标体系存在静态限制的壁垒，结合动力学模式分析架构，以一个发展的视角来构建竞争力模型，以企业资源能力和管理能力为出发点，研究资源和能力之间的差异与竞争力的关系

资料来源：根据相关文献整理

　　以上是从不同代表性理论和学派角度分析竞争力，此外还存在相关学者以其他角度对竞争力进行的研究，这也逐渐使竞争力理论更加枝繁叶茂。总体来看，这些研究理论基本围绕着资源、环境、能力、方法等方面进行探索。

2.1.2　质量管理理论

　　质量存在于产品生产的全过程，不是靠宣传出来的，质量职能催生了产品质量的形成，产品生产全过程都将影响产品质量的形成。质量管理理论已有几百年的历史，著名质量管理大师戴明、朱兰等建立了质量管理领域的基石，在生产过程中应用了质量管理方法及理论都取得了巨大的成功。本章按照时期、发展历程、管理思想、代表内容和代表人物梳理在质量管理发展过程中具有代表性的文献，质量管理理论主要经历了以下三个阶段，如表 2-2 所示。

表 2-2　质量管理理论发展历程

阶段	时期	发展历程	管理思想	代表内容	代表人物
质量检验阶段	20世纪20年代前	产品质量基本上依靠操作者的技艺和经验来保证，可称为操作者的质量管理。到了20世纪初，由于操作者的质量管理容易造成质量标准的不一致和工作效率的低下，因而不能适应生产力的发展。科学管理的奠基人泰勒（Taylor）提出了在生产中应该将计划与执行、生产与检验分开的主张。后来，在一些工厂中开始设立专职的检验部门，对生产出来的产品进行质量检验，鉴别合格品或废次品，从而形成所谓检验员（部门）的质量管理。这种有人专职制定标准、有人负责实施标准、有人按标准对产品质量进行检验的三权分立的质量管理是质量检验阶段的开始，是一种历史的进步，现代意义上的质量管理便从此诞生	质量检验（quality test，QT）	这一过程也称为事后管理阶段，人们对产品检验有逐步的意识。采用定性管理思想和定量管理工具对产品进行事后检验，其中最具有影响力的为"人、机、料、法、环"（man machine material method environment，4M1E）系统，以及以泰勒等为代表的科学管理运动	泰勒（2013）
统计质量管理阶段	20世纪20～50年代	由于事后把关的检验不能预防不合格品的发生，对于大批量生产和破坏性检验也难以适用。于是，促使人们去探寻质量管理的新思路和新方法。 从20世纪20年代开始，一些国家（如英国、美国、德国、苏联等）相继制定并发布了公差标准，以保证批量产品的互换性和质量的一致性。与此同时，人们开始研究概率和数理统计在质量管理中的应用。1926年美国贝尔电话研究室工程师休哈特（Shewhart）提出了"事先控制，预防废品"的质量管理新思路，并应用概率论和数理统计理论，发明了具有可操作性的质量控制图，解决了质量检验事后把关的不足。后来，美国人道奇（Dodge）和罗米格（Romig）又提出了抽样检验法，并设计了可实际使用的抽样检验表，解决了全数检验和破坏性检验在应用中的困难。第二次世界大战期间，为了提高军需品质量和可靠性，美国先后制定了三个战时质量控制标准，即AWSZ1.1-1941《质量管理指南》、AWSZ1.2-1941《数据分析用控制图法》、AWSZ1.3-1942《工序控制图法》，并要求军工产品承制厂商普遍实行这些统计质量控制方法。一般认为20世纪40年代的这些理论和实践的进步是质量管理开始进入统计质量管理阶段的标志。 统计质量管理把以前质量管理中的事后把关变成事先控制、预防为主、防检结合，并开创了把数理方法应用于质量管理的新局面。第二次世界大战后，数理统计在生产领域中的应用更是蓬勃发展。但是，统计质量管理并不是完美无缺的	统计质量控制（statistical quality control，SQC）	也称为事前管理，目的是保证在所有工序上生产的产品质量与期望值接近。在控制的方法上，以质量控制图为操作基准，采用数理统计和科学管理的方法进行生产工序质量预防	Shewhart（1939）
			质量保证（quality assurance，QA）	毋庸置疑，质量保证以质量为基础，从而达到满足"信任"这一个目标。这一阶段在质量管理体系下有目的、有计划地进行产品生产实施，以确保产品或服务达到质量要求	Juran（1986）
			全面质量控制（total quality control，TQC）	以优质为中心，对全体员工、制造过程进行全方位控制，整体可以归纳为四个时期、八个进程和十四个对象	Feigenbaum（1956）

阶段	时期	发展历程	管理思想	代表内容	代表人物
全面质量管理阶段	20世纪50年代起	20世纪50年代起，尤其是60年代后，科学技术进步加速发展，使产品的复杂程度和技术含量不断提高，人们对产品质量和可靠性要求，以及品种和服务的要求越来越高，特别是服务业的迅猛发展，更进一步提出了关于服务质量及服务质量管理的新问题。所有这些，都对传统的质量管理理论和方法提出了挑战。只有将影响质量的所有因素纳入质量管理的轨道，并保持系统、协调地运作，才能确保产品的质量。在这种社会历史背景和经济发展形势的推动下，形成了全面质量的思想，全面质量管理（total quality management，TQM）的理论应运而生。20世纪60年代初，费根堡姆（Feigenbaum）和朱兰提出了全面质量管理的科学概念及理论，其在美国乃至世界范围内很快被普遍接受和应用。质量管理的历史从此掀开了新的一页，进入了全面质量管理阶段。21世纪是质量的世纪，当代经济的发展和社会的进步，对质量管理提出了更新的需求，质量管理形成了十分强劲的发展势头	全面质量管理	全面质量管理把产品质量作为企业发展的核心要素考虑，通过建立严密的质量体系、运用数理统计和科学有效的工具，以及全员参与的方式，实现人、机器、信息的协调运转	Domingo（2002）

资料来源：根据文献整理

2.1.3　人因可靠性理论

Hwang C T 和 Hwang S L（1990）认为人因可靠性是在规定的时间内，在特定的情景环境中，劳动生产者无差错地完成任务的能力。许多研究发现，生产系统的缺陷多是由人的因素导致，因此，人因可靠性分析成为新的研究热点。龙升照（2003）从显性要素和隐性要素两个方面研究人因失误对系统可靠性的影响；Chang 和 Mosleh（2007）采用数学仿真的方法，研究人因与人机系统之间可靠性的关系，得出减少人因失误可以提高生产系统的生产效率。孙志强等（2008）从操作者—生产系统—组织环境—生产任务—组织因素五个方面构建人因差错分析的基本框架，通过事前分析和预测，制定出操作指南，规避可能发生的事故，从而减少人因失误，进一步增强系统运行的可靠性。

Kim 和 Jung（2003）认为在生产过程中，生产执行的过程实际上是一个人机交互的过程。迪隆（1990）认为在生产过程中产品质量缺陷的直接因素（包括人的认知、行为、管理、设备、环境、产品质量等）都是通过生产者作为媒介最终传递到产品最终形态上，如图 2-1 所示。作业人员首先按照生产过程相关要求，通过人机交互获取相应的信息。其次根据信息反馈执行相关的操作动作，各种操作实施在人机操作的界面上，进而对生产过程产生影响。在生产过程中，生产环境、组织要素、操作者本身和操作系统等作为生产任务中的一部分，操作动作偏离生产过程要求，出现人为差错，引起产品质量缺陷，如图 2-1 所示。

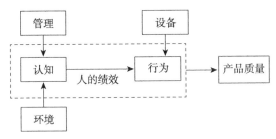

图 2-1　生产过程中人因失误传递模型

20 世纪中叶，数学家 Williams（威廉斯）和电子设备工程师 Meigs（梅格斯）首次提出人因失误对系统可靠性的影响，至今已有 70 多年的成长历史，大致可以划分为三个主要阶段，即第一代、第二代和第三代人因可靠性方法，如表 2-3 所示。

表 2-3　人因可靠性方法分类

阶段	时间	核心观点	代表技术
第一代	20 世纪 60～80 年代	行为理论	人误率预测技术（technique for human error rate prediction, THERP）、危险和可操作性研究（hazard and operability study, HAZOP）、混淆矩阵分析（confusion matrix analysis, CMA）等
第二代	20 世纪 90 年代	人-情景理论	认知可靠性和失误分析方法（cognitive reliability and error analysis methods, CREAM）、人误分析技术（a technique for human error analysis, ATHEANA）等
第三代	21 世纪	模拟动态仿真	认知环境仿真（cognitive environment simulation, CES）、认知仿真模型（cognitive simulation model, COSIMO）

2.1.4　熵权法基本原理

熵的相关概念是 C. E. 香农（C. E. Shannon）于 1948 年引入到信息论中用来度量信息的。结合信息论的基本原理,信息能够度量系统有序程度,而熵是信息无序程度的一个度量，信息与熵成反比。熵权法能够实现客观赋权，可运用多个指标对多个评价对象进行评价，并且熵权法可用于在任何评价问题中确定指标权重，并且能够剔除指标体系中的冗余指标。熵权法被广泛用于综合评价过程中，包括电力领域、煤矿领域、工程应用领域以及经济管理领域等多个领域。张俊光等（2017）在熵权法的基础上提出了一个关键项目缓冲模型来提高项目的缓冲效率，优化缓冲的估计精度，其中熵权法被用来评估项目的不确定性，以获得项目方差，结合模糊方法确定离散程度，两种方法结合减少了项目实施进程中的不确定性，能使项目进度的过程更有效，减少浪费。章穗等（2010）在确定科技综合评价体系中各因子的综合权重时使用熵权法，避免了人为主观因素带来的误差，使构建的评价体系保留了95%以上的原始信息。信桂新等（2017）将熵权法与改进的逼近理想解排序法（technique for order preference by similarity to ideal solution，TOPSIS）结合对高标准基本农田建设后的经济-社会效应进行评价，文中利用熵权法确定各个指标的权重，然后利用改进的 TOPSIS 对不同的样区进行排序并进行了综合效应分析。熵权法的处理步骤分为以下几步（尹鹏等，2013；邹志红等，2005；贾乐刚和杨军，2015）。

1. 形成初始矩阵

设有评价对象 $M = (M_1, M_2, \cdots, M_m)$，评价指标 $D = (D_1, D_2, \cdots, D_n)$，被评价对象 M_i 对指标 D_j 的值记为 $X_{ij}(i = 1, 2, \cdots, m; j = 1, 2, \cdots, n)$，则形成的原始数据矩阵为 $X_{ij} = \begin{pmatrix} x_{11} \cdots x_{1n} \\ \vdots \quad \vdots \\ x_{m1} \cdots x_{mn} \end{pmatrix}_{m \times n}$。其中，$X_{ij}$ 为第 j 个指标下的第 i 个被评价对象的值。

2. 无量纲化处理矩阵

对矩阵的无量纲化处理有两种方式，针对越大越优型指标：

$$v_{ij} = \frac{x_{ij} - \min(x_j)}{\max(x_j) - \min(x_j)}$$

针对越小越优型指标：

$$v_{ij} = \frac{\max(x_j) - x_{ij}}{\max(x_j) - \min(x_j)}$$

不难看出，经过无量纲化处理后 $0 \leqslant x_{ij} \leqslant 1$。

3. 计算第 j 项指标下第 i 个评价对象的特征比重

记第 j 项指标下，第 i 个评价对象的特征比重为 p_{ij}，则

$$p_{ij} = \frac{v_{ij}}{\sum\limits_{i=1}^{m} v_{ij}}$$

因为 $0 \leqslant v_{ij} \leqslant 1$，所以 $0 \leqslant p_{ij} \leqslant 1$。

4. 计算第 j 项指标的熵值 e_j

$$e_j = \frac{-1}{\ln(m)\sum\limits_{i=1}^{m} p_{ij} \times \ln p_{ij}}$$

指标 D_j、v_{ij} 的差异和 e_j 成反比，即各被评价对象第 j 项指标值差异和指标所反映的信息量成正比，当二者越大时其熵值就越小；在熵值 e_j 偏大的情况下，说明它提供的信息量很小，可看作冗余指标删除。

5. 差异系数 d_j 的计算

$$d_j = 1 - e_j$$

其中，d_j 越大，指标的信息量就越大，应赋予较大的权重。

6. 确定各指标的熵权

$$w_j = \frac{d_j}{\sum\limits_{j=1}^{n} d_j}$$

7. 综合评价值计算

$$v_j = \sum\limits_{j=1}^{n} w_j p_{ij}$$

熵权法适用范围广，可在各类评价问题中用于确定指标的权重，在此过程中能够剔除对评价结果贡献不大的指标，使得评价结果更精准。熵权法具有客观性和适应性的优点，其中客观性是指相对那些主观赋值法精度更高，也具有更高的可信度，客观性更强；适应性是指该方法可以用于任

何评价问题，也能够结合其他方法。例如，与层次分析法（analytic hierarchy process，AHP）、TOPSIS 等结合使用，具有较强的灵活性。

2.1.5　系统动力学基本理论

1. 系统动力学概述

系统动力学是系统论与计算机仿真结合的一门学科，主要是研究和解决复杂系统问题的方法，其中反馈是指变量 X 和 Y 之间的互相影响，其中可能会存在因果关系链，单独地研究 X 与 Y 或者是 Y 与 X 之间的关系都是不全面的，要想得到正确有效的结果需要将全部的系统看作反馈系统来研究才行。系统动力学是系统科学和管理学的一个重要的分支，它将定性研究和定量研究相结合，其中定性研究界定了问题的范围和界限，为后续的定量研究提供了理论基础和研究背景，定量研究则结合数学建模等数学分析方法，将定性研究的内容加以论证，为最后的结果提供数据支撑。

1）系统及其分类

系统动力学的研究对象就是一个或者多个系统，系统是一个整体的概念，是指相互有关系的几个对象，按照某些特定的规律联系在一起，形成一个系统，系统是对客观存在的几个有关联的对象进行分析，对于某个系统来说，单独地研究其中某个对象或者是部分对象都是无意义的，系统总的动态行为结果由系统内部的构成要素之间的相互作用构成。系统有以下几个特点：①系统由若干要素组成；②系统有一定结构；③系统有一定的功能。系统动力学反馈机制如图 2-2 所示。

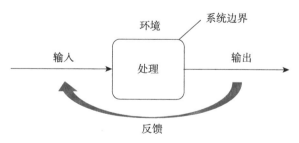

图 2-2　系统动力学反馈机制

外界的数据输入系统，经过一系列的建模仿真处理，输出结果，在此过程中系统不断地形成反馈，以及时校正输出结果，同时，系统所处的环境和边界也是至关重要的。

2）系统动力学发展历程

1956 年美国麻省理工学院的福瑞斯特（Forrester）教授提出系统动力学，该方法一经提出就受到了广泛的关注。系统动力学是一门分析研究信息反馈系统的学科，它是系统科学中的一个分支，综合了自然科学和社会科学，基于系统论，吸收控制论、信息论，是一门认识系统问题和解决系统问题交叉、综合性的新学科。从系统方法论来说，系统动力学的方法是结构方法、功能方法和历史方法的统一。系统动力学是在系统论的基础上发展起来的，因此它包含着系统论的思想。系统动力学是以系统结构决定着系统行为为前提条件而展开研究的。它认为系统内的众多变量在它们相互作用的反馈环里有因果联系。反馈之间有系统的相互联系，构成了该系统的结构，而正是这个结构成为系统行为的根本性决定因素。人们在求解问题时都是想获得较优的解决方案，能够得到较优的结果，所以系统动力学解决问题的过程实质上也是寻优过程，以获得较优的系统功能。系统动力学强调系统的结构并从系统结构角度来分析系统的功能和行为，系统的结构决定了系统的行为。因此系统动力学是通过寻找系统的较优结构，来获得较优的系统行为。

系统动力学认为系统是一个具有多重信息的因果反馈机制，因此系统动力学在经过剖析系统，获得深刻、丰富的信息之后建立起系统因果关系反馈图，之后再转变为系统流图，建立系统动力学模型，最后通过仿真语言和仿真软件对系统动力学模型进行计算机模拟，从而完成对真实系统结构的仿真。通过上述过程完成了对系统结构的仿真，接下来就要寻找较优的系统结构。寻找较优的系统结构被称作政策分析或优化，包括参数优化、结构优化、边界优化。参数优化就是通过改变其中几个比较敏感的参数从而改变系统结构来寻找较优的系统行为。结构优化是指主要通过增加或减少模型中的水平变量、速率变量从而改变系统结构来获得较优的系统行为。边界优化是指系统边界及边界条件发生变化时引起系统结构变化来获得较优的系统行为。系统动力学就是通过计算机仿真技术来对系统结构进行仿真，寻找系统的较优结构，以求得较优的系统行为。

总的来说，系统动力学认为系统的行为模式主要是由系统内部的信息反馈机制决定的。通过建立系统动力学模型，利用 Dynamo 仿真语言和 Vensim 软件在计算机上实现对真实系统的仿真，可以研究系统的结构、功能和行为之间的动态关系，以便寻求较优的系统结构和功能。系统动力学在国外的发展经过了三个阶段，如表 2-4 所示（钟永光等，2006）。

表 2-4 系统动力学发展的三个阶段

第一阶段 20 世纪 50~60 年代	第二阶段 20 世纪 70~80 年代	第三阶段 20 世纪 90 年代至今
系统动力学理论在诞生初期主要用于解决工业企业的管理问题；福瑞斯特教授在这个阶段的著作推动了系统动力学的向前发展，随后系统动力学不再拘束于工业企业的管理问题，几乎遍及了各类系统，渗透进了各种领域	标志性成果是系统动力学世界模型与美国国家模型的研究。这一阶段的社会问题因为系统动力学得到了很好的解决，福瑞斯特教授带领的学生完成了一个方程数达到 4000 个的全国系统动力学模型，这个模型揭示了当时美国存在的失业率、通货膨胀等社会问题。与此同时，系统动力学还被运用到工程管理问题中，这些成果使得系统动力学得到了全球性的关注，确立了在社会经济问题研究中的地位	在这个阶段，系统动力学已经具备了一定的学科基础，其有效性也得到了学者的认可，从宏观领域的经济、全球变暖等话题到项目管理领域的时间、成本风险的估计等，从学习型组织领域的研究到物流与供应链领域的供应链高效性分析，再到公司战略领域的运用，系统动力学都为这些不同的领域提供了很好的解决方法，并且获得了一定的成果

3）系统动力学相关概念

系统动力学的相关名词解释如表 2-5 所示。

表 2-5 系统动力学名词解释

名词	含义
高阶次	系统阶数在四阶或五阶以上者称为高阶次系统
系统	一个由相互区别、相互作用的各部分即单元或要素有机地联结在一起，为同一目的的完成某种功能的集合体
反馈	系统内同一单元或同一子块的输出与输入间的关系。对整个系统而言，反馈则指系统输出与来自外部环境的输入的关系
反馈系统	反馈系统就是包含反馈环节及其作用的系统。它要受系统本身的历史行为的影响，把历史行为的后果回馈给系统本身，以影响未来的行为。如库存订货控制系统
反馈回路	反馈回路就是由一系列的因果与相互作用链组成的闭合回路，或者说是由信息与动作构成的闭合路径
因果回路图 （casual loop diagram，CLD）	表示系统反馈结构的重要工具，因果回路图包含多个变量，变量之间由标出因果关系的箭头所连接。变量由因果链所联系，因果链由箭头所表示
因果链极性	每条因果链都具有极性，或为正（＋）或者为负（－）。极性是指当箭尾端变量变化时，箭头端变量会如何变化。极性为正是指两个变量的变化趋势相同，极性为负是指两个变量的变化趋势相反
反馈回路的极性	反馈回路的极性取决于回路中各因果链符号。回路极性也分为正反馈和负反馈，正反馈回路的作用是使回路中变量的偏离增强，而负反馈回路则力图控制回路的变量趋于稳定
确定回路极性的方法	若反馈回路包含偶数个负的因果链，则其极性为正；若反馈回路包含奇数个负的因果链，则其极性为负

名词	含义
系统流图	表示反馈回路中的各水平变量和各速率变量相互联系形式及反馈系统中各回路之间互连关系的图示模型
水平变量	也被称作状态变量或流量，代表系统变量物质和非物质的积累。其数值大小表示某一系统变量在某一特定时刻的状况，可以说是系统过去累积的结果，它是流入率与流出率的净差额。它必须经过速率变量的作用才能由某个数值状态转变成另一数值状态
速率变量	又称变化率，随着时间的推移，使水平变量的值增加或减少。速率变量表示某个水平变量变化的快慢
水平变量和速率变量的符号标识	水平变量用矩形表示，具体符号中应包括描述输入流与输出流速率的流线、变量名称等。速率变量用阀门符号表示，应包括变量名称、速率变量控制的流的流线和其所依赖的信息输入量
多重回路	复杂系统内部相互作用的回路数目一般在三个或三个以上。诸回路中通常存在一个或一个以上起主导作用的回路，称为主回路。主回路的性质主要决定了系统内部反馈结构的性质及其相应的系统动态行为的特性，而且主回路并非固定不变，它们往往在诸回路之间随时间推移而转移，结果导致变化多端的系统动态行为
非线性	线性指量与量之间按比例、成直线的关系，在空间和时间上代表规则、光滑的运动；而非线性则指不按比例、不成直线的关系，代表不规则的运动和突变。线性关系是互不相干的独立关系，非线性则是相互作用，而正是这种相互作用使得整体不再是简单地等于部分之和，而可能出现不同于线性叠加的增益或亏损。实际生活中的过程与系统几乎毫无例外地带有非线性的特征。正是这些非线性关系的耦合导致主回路转移，系统表现出多变的动态行为

系统动力学能处理高阶次、非线性、多重反馈复杂时变系统的问题，这是它优于其他方法的一个重要特点。典型的社会–经济系统的系统动力学模型阶数则约在十至数百之间，如美国国家模型的阶数在两百以上。

2. 系统动力学的特点

系统动力学以其完整的理论框架和模型理论为所研究的问题提供了有效的工具，通过对相关文章的总结分析，发现系统动力学具有以下几个特点。

（1）广泛性。系统动力学已经被运用到各个领域的问题研究中，例如，高晓宁等（2022）通过系统动力学仿真建模，分析了影响科研数据共享效率的关键因素，建立了包括个人共享意愿、组织共享环境、数据共享技术、数据共享制度完善水平、共享数据的标准化要求的共享效率因素集，挖掘各因素之间的因果关系，建立仿真模型。赵吉峰和邵桂华（2022）通过系统动力学仿真分析了我国竞技体育高质量发展的影响因素，通过仿真原有发展模式、竞技体育与群众体育并行发展模式、自身"造血"发展模式、专业体育与职业体育协同发展模式、科技职称发展模式五种模式下竞技体育高质量发展效果得出了最佳的发展模式。李玉民（2012）利用系统动力学研究报废汽车的回收问题，从系统的角度深入研究影响因素之间的作用机理，在假设条件的基础上建立了实行报废汽车逆向回收发展基金制度后的逆向回收系统动力学模型，接下来借助系统动力学软件仿真分析北京市的交通拥堵问题，为报废汽车的回收物流问题提出了可行的策略。杨浩雄等（2014）针对城市交通拥堵问题，从系统的角度分析了交通拥堵的现状、原因、影响及其根源，利用系统动力学软件将各影响因素之间的关系可视化，构建方程并仿真分析北京市的交通拥堵问题，模拟不同政策下的交通情况。田红娜等（2012）运用系统动力学方法，从制造业绿色工艺创新的总体结构出发，提炼制造业绿色工艺创新的因果关系链和因果反馈回路，绘制制造业绿色工艺创新关键要素间的因果关系图和系统动力学图，建立制造业绿色工艺创新运行的系统动力学模型。在此基础上从绿色工艺创新投入、实施、产出和环境四个维度构造制造业绿色工艺创新运行过程评价指标体系，综合反映制造业绿色工艺创新运行过程的状况。

（2）系统动力学能够处理多变量、非线性的问题。系统动力学的模型是在非线性理论的基础上构建的，而在现实生活中，特别是社会经济问题，都不是简单的线性关系能够概括的，系统动力学能够为这类问题提供有效的解决办法，从系统的角度出发，分析核心要素的影响因素，进而提炼出来，并采用构建流图等方式将影响可视化，更便于分析，在定性分析后，系统动力学还提供了定量分析，可通过数据对整体进行模拟仿真，探索在不同条件下系统的整体情况。

（3）系统动力学以仿真试验和计算机作为工具，可处理高阶次、多回路的复杂问题，可以完成许多人工不能做到的工作，拓展了研究的深度，通过计算机的处理，加快了问题的处理速度，能够直观快速地得到结果，节约时间。系统动力学用来进行模拟仿真的软件有许多，比较著名的有Dynamo、Stella、iThink、Powersim、Vensim。其中，Vensim 个人学习版是一个可视化的工具，可以让用户来概念化、文件化、仿真、分析并且优化系统动力学的模型，仿真模型从结果环和流程图中得到。通过箭头将有关的指标连接，它们之间的关系就被输入并记录为因果关系。这些信息可以被方程的编辑者用来建立一个完善的仿真模型。通过建模的过程可以分析模型，观察原因和变量的使用，以及涉及变量的循环。当已经建立了一个能够被仿真的模型时 Vensim 软件就能够提供一个平台来深入地研究所创建的模型。Vensim 提供了一个简单可行的基于图标文字建立仿真模型的方式，相比较而言，Vensim 能够对政策进行最优化，所以本书的研究是在 Vensim 软件的基础上进行的。

（4）系统动力学发展至今已经形成了一个有效的建模方式，在进行分析时可以根据已有的步骤进行问题的分析，处理问题的流程已经成熟，使用者只需要对问题进行深入分析，在处理步骤上不需要花费太多心思。

（5）系统动力学以系统论为基础，考虑了对象之间的内生关系，更清楚地展现了一个系统的整体性，进行问题分析时从整体出发进行考虑，进行政策模拟时能够更直观清楚地展现系统的整体情况，所得结果更全面也更具有参考意义。

3. 系统动力学分析步骤

系统动力学是一个相对成熟的方法，经过学者的反复检验已经形成了一个较为成熟的分析步骤，如图 2-3 所示。

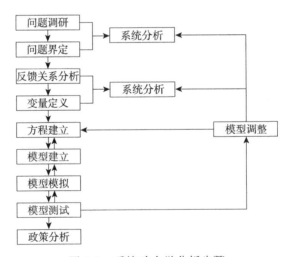

图 2-3　系统动力学分析步骤

1）问题调研

社会问题多是复杂的系统问题，前期的调研工作尤为重要，可以帮助研究者对问题有全面的了解，提炼出核心因素并聚焦研究点。系统动力学可以用来解决社会问题，前期的调研可以了解问题背景、影响因素、参与者等多方面的情况，好为确定系统边界提供参考。

2）问题界定

问题界定对于社会问题来说非常重要，很多时候影响因素很多或者涉及的研究点很复杂，这样就需要研究者根据前期的调研结果界定要研究的问题是什么，确定好问题的边界、研究范围，同时就确定了系统边界，为后续研究确定大体框架。

3）反馈关系分析

作为整个系统中至关重要的一个部分，反馈分析是系统性的表现，在此过程中需要确定各个因素之间的相互影响机理，并进行正负反馈的确定，这个过程涉及了因果图和存量流量图的构建。

因果分析是系统间的因果关系的一种定性表达，因果分析中的反馈信息的表达是整个系统的关键所在，因果关系图是变量之间因果关系的表达，并不是变量之间的相互关系，因果关系图分为正、负两种，如图 2-4 所示。

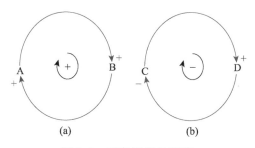

图 2-4　正负因果关系图

负因果链数决定了因果关系图的性质：偶数负因果链［图 2-4（a）］代表该因果回路是正回路，表示图中的变量的变化能够使整个回路的变化都增强；奇数负因果链［图 2-4（b）］代表该回路就是负反馈回路，表示变量的变化会削弱这个回路的变化，负反馈回路能够抵消变动，较正反馈回路更稳定。

进行了因果关系图的定性分析之后，就需要通过水平变量、速率变量以及常量等来量化出各个变量之间的影响关系。量化存量流量图是系统动力学定量分析的开始，主要是表示变量随时间推移而变化的情况，存量是累积的结果，流量则表示速率的变量，一般和时间有关，存量流量图是时间的体现，同时也突出了系统的动态性，存量流量图如图 2-5 所示。

图 2-5　存量流量图

作为累积量，存量的数学含义是积分：

$$s(t) = \int_{t_0}^{t} \left[\text{In}(s) - \text{Out}(s) \right] \mathrm{d}s + s(t_0)$$

其中，$s(t)$ 和 $s(t_0)$ 分别表示 t 时刻和初始时刻的存量值；In 和 Out 分别表示流入量和流出量。

流量是对存量求导，所以流量的数学表达式为

$$\frac{\mathrm{d}s}{\mathrm{d}t} = \text{In}(t) - \text{Out}(t)$$

4）变量定义

变量定义主要是根据因果关系图、存量流量图等来定义水平变量、速率变量以及常量，为接下来的方程建立提供支持。

5）方程建立

完成了对系统的定性和定量分析之后，接下来需要更充分的定量模型来测试所建的模型是否正确，系统动力学要求必须将变量融合进方程中，方程是问题和计算机处理间的桥梁，写方程的过程也是检验模型是否合适的过程。

6）模型建立、模拟、测试

通过因果反馈建立了相应的分析模型后就需要构建系统动力学模型来进行仿真模拟、测试，其中测试是整个模型的校验阶段，模型测试包括许多方面，其中灵敏度分析是为了测试所建立的模型和方程是否正确，是对各个变量、系统边界、因果关系等的灵敏度进行检验，模型测试主要是利用现有的资源对模型进行检验，测量一致性等方面，确保模型在一定条件下能够模拟现实世界的变化。通过测试可以发现前序步骤中的问题，并进行修改。系统动力学提供了边界适当性测试、结构评价测试、量纲一致性测试等多个测试方法。

7）政策分析

系统动力学能够为社会问题提供直观的数据，经过了前序的定性和定量分析后，最后的结果要能够达到建模的目的，在结论中需要呈现通过建模分析后产生了怎样的环境条件，新的政策在模型中是怎样体现的，效果怎样，不同的方案和条件下政策的鲁棒性等内容，在这些产出的基础上需要针对具体问题进行政策或者建议的分析，完善结论的合理性。

4. 系统动力学适用性分析

质量竞争力系统是一个复杂的非线性系统，同时也是一个社会经济问题，其中许多影响因素之间还存在着相互影响的关系，而且随着时间的变化呈现出动态性，将系统动力学和质量竞争力结合使用主要基于以下几点考虑。

（1）质量竞争力随着时间的变化呈现出动态复杂性，质量竞争力系统包括产品创新能力、绿色发展能力等多个子系统，它们之间的影响关系错综复杂，是一个典型的非线性、高阶次复杂时变系统。

（2）质量竞争力的评价涉及众多的影响因素，但是由于数据的缺乏，不一定能够很好地评价质量竞争力的动态发展，系统动力学能够很好地弥补这个缺陷，利用有限的数据来仿真未来的发展，预估质量竞争力的走向。

（3）目前对质量竞争力多是从静态的角度进行研究，学者都是基于某个时间点来对质量竞争力进行评价，但是我们知道质量竞争力是一个动态的过程，随着时间的变化，市场以及相关的政策等也会有所不同，目前的研究并没有很好地体现这个特性，所以本书选择系统动力学为平台，希望能够动态地反映质量竞争力的本质变化。

（4）系统动力学的特点在于能够很好地体现内生性，质量竞争力的各个指标之间存在较强的内生性，并且在反馈的基础上建立的模型能更好地表现整个系统的本质。

（5）系统动力学与本书的研究目的相吻合，本书在质量竞争力的本质上力求能够探索在不同政策因素下质量竞争力的变化情况，系统动力学被誉为"政策实验室"，能够很好地模拟未来的发展情况，展望未来，并为当下提供有效的参考。

2.2　国内外研究概况

2.2.1　国外研究概况

质量是一个全球性的话题，质量对于制造企业的重要性也是国内外专家学者持续关注的内容，不同的学者从不同的角度分析质量的内涵，将质量与企业的绩效、创新、持续发展以及各种和企业经营有关的因素联系起来进行研究，尽管切入点或者研究的对象等不同，但是对质量重要程度的认可是基本一致的。对质量竞争力的研究分为以下几个阶段，首先是 20 世纪初至 20 世纪 30 年代，这个时期是符合性质量（Crosby，1979），主要是以产品符合相关的技术标准作为衡量标准；其次是 20 世纪 40～60 年代的适应性质量（Juran，1986），这个时期是以适合顾客需要的程度作为衡量顾客满意程度的依据；最后是 20 世纪 60 年代至今的全面质量管理阶段，其中又分为需求性质量和全面性质量（Feigenbaum，1956）。

Phillips 等（1983）的研究使用因果建模方法来研究关于产品质量对直接成本和投资回报率（return on investment，ROI）的影响。结果表明研究中的 PIMS（profit impact of market strategies，市场战略的利润效果）措施在所有样品中表现出高度的可靠性。调查结果并未支持人们普遍认为的观点，即高质量与低成本不能兼顾。

Murray 和 O'Gorman（1994）在对 131 个中小企业进行研究后发现，相较于竞争者，高增长率的公司比低增长率的公司更可能卖出高质量或者是更高质量的产品，还发现被 T. Peters（T. 彼得斯）认为是世界上最复杂和最广泛的业务信息数据库的 PIMS 数据库的结果表明，较高的相对质量是提高投资回报的强劲动力。

Greenan 等（1997）尝试说明环境问题对于产品和服务质量来说越来越重要，现有的情况表明投资者为了降低风险更愿意选择对环境友好型的企业进行投资，而且增加绿色属性从长远来看也能提高企业的经营效果。该研究还强调了顾客在企业决策中的重要性，突出了顾客感知，提出了基于客户观念的质量分析方法，讨论了政府和其他机构鼓励中小企业发挥主动性的作用。最后该研究认为企业应该将绿色属性作为获得市场占有率和顾客满意的重要属性。

Martínez-Lorente 等（1998）重点追踪了全面质量管理术语的来源，并厘清了学者和从业者采用的不同的定义。费根堡姆和石川馨也许是这个词发展的最大贡献者。其他公认的质量管理大师，如 Crosby（克罗斯比）、戴明和朱兰都塑造了构成这一概念的维度、做法和机制，但这三者实际上都没有使用全面质量管理术语。全面质量管理在 20 世纪 80 年代中期开始使用，并且在 20 世纪 80 年代后期才成为质量相关语言的公认部分。该文还分析了全面质量管理的关键维度并追溯了其起源。

Kumar 等（1999）认为关于运营战略的研究已经证实了公司间竞争的四个首要维度，分别是价格、质量、灵活性以及交付的可靠性，当然质量可能是对企业竞争程度产生影响的最关键的层面。本书所提出的质量竞争力指数的成功和有用性取决于质量竞争力所能够反映出的公司真实竞争力的有效性。同行业内比较和对权重的评估以及竞争力度量是前提，质量竞争力指数能够为公司在市场竞争中取得优势，各个指标的权重能够反映出公司的优势和劣势，为公司进一步的发展提供思路。

Kumar 等（2002）认为公司的主要竞争力集中在价格、质量、灵活性和交付可靠性四个方面，质量作为整个过程的核心环节，从制造（生产）、生产计划和控制、质量保证、研发、库存控制、采购、人力资源和营销等方面构建了质量竞争力评价指标体系，并用质量竞争力指数测量企业实施全面质量管理取得的效果。

Domingo（2002）认为质量竞争力既孕育出全球竞争力，也消亡全球竞争力，企业在寻求价格竞争力、成本竞争力和技术竞争力之前，必须率先赢得质量竞争力。

Prajogo 和 Sohal（2003）分析了全面质量管理、创新绩效和质量绩效彼此之间的关系，采用结构方程模型方法对澳大利亚制造业数据进行分析，结果显示全面质量管理与创新绩效之间呈现显著正相关关系，两者之间的相关程度对产品质量有很大影响，以及质量绩效与创新绩效之间存在显著的因果关系。三年后，Prajogo 和 Sohal（2006）为了对比制造业和服务业在全面质量管理与质量绩效方面的差异性，采用同样的测量方法对 194 家澳大利亚制造业和服务业数据进行分析，结果显示全面质量管理和质量绩效没有显著差异，这验证了美国马尔科姆·波多里奇国家质量奖（Malcolm Baldrige National Quality Award，MBNQA）标准与全面质量管理的适用性。

Cai 和 Jiang（2008）为进一步研究企业质量竞争力评价方法，提出了一种基于专家规则和人工神经网络的质量竞争力指标模型。该文首先介绍了现有的基于专家规则的质量竞争力指标模型，并对其不足进行了分析。其次利用人工神经网络构建新型质量竞争力指标模型，具体讨论了新模型的基本原理和构造方法。仿真实例表明，该新型模型能够拟合质量竞争力指标与质量竞争力观测变量之间的非线性映射关系，具有较强的容错性。

Shafaei（2009）基于波特钻石模型衡量企业质量竞争力，把产品质量、要素条件、客户需求、产业支持及企业战略作为企业的决定要素，共包含55 个变量，其中把政府措施当作外部因素，研究得出产品质量对企业质量竞争力有积极刺激作用。

Kaneko 和 Munechika（2012）从生产要素、客户需求、产业融合、企业战略和政府支持五个维度建立质量竞争力的评价指标体系，并对每个业务领域的项目团队进行为期六个月的访谈，检查决策机制及其竞争优势因素的构成，然后提出了质量管理体系的评估方法，建立了分析核心客户价值的方法和引导客户直接选择公司自有产品的组织能力。

Štimac 和 Šimić（2012）对比了公立和私立高等教育机构教育服务质量，目的是确定学生的期望与接受的教育质量之间的关系。他们以三所商学院为研究样本，使用 SERVQUAL（service quality，服务质量）模型进行分析，结果表明提升教员自身竞争力可以提高教学服务质量。

Cao 等（2013）分析了创新和竞争力的关系并论述了创新对质量竞争力的影响，认为创新对质量竞争力的影响贡献率（$L = B/C \times 100\%$）有三种情况，分别为：$L = 0$ 无影响；$0 < L < 100$ 有影响；$L = 100$ 完全影响。产品创新首先是被市场驱动，其次是技术。创新并不都是有用的，而且也不是都对质量竞争力有好的影响，要利用创新来提高质量竞争力就需要以创新为驱动的质量。

Milisavljević 等（2013）重点研究了特定文化价值观与员工和员工之间的相关性及差异。文化价值观的研究是建立合适的行为和组织措施的基础，员工的文化意识和行为形成于企业和顾客之间。研究结果表明，员工和客户价值体系存在差异，这对客户关系管理（customer relationship management，CRM）非常重要，因此客户比企业员工更有自主性，他们更倾向于接受刺激和享乐主义，他们的传统主义水平低于员工。协调员工和用户的价值体系有助于实现更高质量的沟通和更成功的业务。

Yee 等（2013）研究服务行业员工的工作满意度、服务质量和顾客满意度对市场竞争力的影响，运用结构方程模型测量香港 210 家服务商店的数据，结果显示服务质量会影响顾客满意度，而顾客满意度又会刺激员工满意度，形成一个"优质顾客满意—雇员满意"循环，Yee 认为企业应采取以客户为导向的策略，结合这种循环方式来提高客户满意度和员工满意度，提升企业自身质量绩效。

Ginevičius 等（2015）基于质量管理系统评估的特殊性，在无量纲的尺度上建立了过程质量的奇异指标及其价值之间的依赖关系。集合的应用允许对过程进行定量的质量评估，同时考虑到指标的多样性和企业过程质量的重要性，这些依赖项的应用允许评估质量指标并进行质量指标的间隔性评估。考虑到过程质量随时间推移的变化，系数被开发出来。该研究使用非参数特性测试来分析过程质量的动态特性，并给出了机械工程企业定性评估方法的应用结果。

Al-Shuaibi 等（2016）考察了企业质量、创新、竞争力和财务绩效之间的关系。研究中的数据来自涉及 223 家沙特阿拉伯公司的问卷调查，并使用结构方程模型进行分析。结果表明，创新对质量有正向影响，后者对企业竞争力有显著的正向影响。正如预期的那样，质量和创新指标通过竞争力对企业的财务绩效产生间接影响。因此，研究发现了质量和创新对企业财务绩效的正面影响中竞争力所发挥的重要中介作用。此外，该研究还发现竞争力对企业财务绩效有显著的正面影响，并讨论了管理的含义。

Ketsarapong S 和 Ketsarapong P（2016）从准备阶段、开发阶段、试行阶段、维护阶段四个阶段建立了一套质量生产体系，使用危害分析与关键点控制（hazard analysis and critical control point，HACCP）方法进行测量，研究发现部署 HACCP 的企业年销售量增加大约 50%，生产成本降低了 10%。

Cao 和 You（2017）探究了环境规制对技术创新和制造业质量竞争力的影响关系，以结构—行为—绩效为整个过程，回归分析得出环境规制能够促进技术创新，同时吸引制造业加大质量竞争力研发投资。

Besik 和 Nagurney（2017）从博弈论角度出发，采用化学和温度公式计算生鲜产品质量，构建出产品质量提升的路径框架，并对实际农产品市场做出分析，发现消费者对市场兴趣的增加可以刺激农产品市场的受欢迎程度，产品质量在整个供应链中起到枢纽效果。

2.2.2　国内研究概况

1. 质量竞争力内涵

唐晓芬（2002）把质量竞争力归纳为比竞争者更具卓越质量的一种核心能力，具有价值性、难以移植性、个性化、动态性、可持续发展的特性。其从竞争力理论和质量管理理论的历史发展角度出发，探讨将质量与核心竞争力有机结合，提出质量竞争力理论框架；阐述了质量竞争力的概念、构成要素及基本特征，论述了质量竞争力研究的现实意义，提出了构建国家、行业、企业质量竞争力指数模型的方法，设计了企业质量竞争力指数评价指标体系，并运用人工神经网络方法进行运算，证明该指数能够科学地反映质量竞争的核心能力。蒋家东（2004）从经济学、管理学和战略优化相关理论方面总结质量竞争力内涵，他认为质量竞争力是企业综合素质的表现，是企业竞争力的一部分，虽然不一定与竞争力存在线性关系，但是多数情况下，质量竞争力提升会带动企业竞争力的增强，在此基础上，对质量竞争力的含义从六个层面进行了解读。蒋家东（2004）认为质量竞争力的影响因素是整体发挥作用的，因此他将影响因素划分为四类：①企业能够直接掌控的优势资源即质量资源；②能够持续创造质量绩效的质量能力；③质量文化；④质量环境。除此之外，该研究还论述了质量竞争力和企业竞争力之间相辅相成的关系。张英杰（2004）认为质量竞争力是以最低的成本、最高的效率实现客户价值最大化，并赢取最佳经营绩效的综合素质。王侃（2006）认为质量竞争力包含了多层次的含义，从企业内部到外部，从市场和盈利到各利益集团以及外部环境等，还认为质量竞争力诞生于企业的生产经营过程中，是一种动态的能力。张忠等（2010）认为质量竞争力是一个综合的概念，将质量竞争力定义为显性竞争力和隐性竞争力两种，其中显性竞争力是质量竞争力的现实表现，隐性竞争力是质量竞争力的土壤和源泉，具体的指标涉及企业的内部要素结构、经营管理过程、外部环境、市场占有、营利能力等多个方面的内容。唐萌（2014）结合质量管理和竞争力经典理论，她认为质量竞争力是企业的综合素质和独特能力，企业通过运用自身优势，创造出高质量产品或提供高质量服务，赢得消费者信任、建立自身可持续发展生态系统，她归纳了质量竞争力几个方面的特征，具体如下。

（1）多因素综合作用的结果，质量竞争力受众多影响因素作用，不是单独存在的，各个影响因素的重要程度不同，影响程度不大的因素不能忽视，特别是人和文化的因素需要关注。

（2）动态变化，质量竞争力是随着顾客、市场、竞争对手以及社会发展变化而变化的，企业需要具备一定的对抗风险的能力。

（3）关注顾客的中心位置，兼顾相关方利益。

2. 质量竞争力影响因素

影响质量竞争力的因素颇多，学者从不同的视角进行了相关研究。何桢等（2008）基于全面质量管理视角，对全国200多家制造业企业进行调查，通过问卷等形式归纳出了主要影响全面质量管理的关键因素，例如，质量文化、质量保证、过程控制、质量信息系统等，在此基础上采用主成分分析法筛选指标，降低维度，建立全面质量管理和运营绩效之间的回归方程，通过分析发现，软质量因素对产品质量影响显著，并针对此给出了建议。余红伟和胡德状（2015）构建"投入+产出+环境"质量过程体系，运用三阶段数据包络分析（data envelopment analysis，DEA）方法对我国各省级区域质量竞争力进行了测量分析，研究表明，环境要素、产业连通度、交通便捷程度、新兴技术产业占比等对质量竞争力存在正向和负向的影响，并提出四种竞争力水平的制造业政策建议。陈克杰和隋丽辉（2012）结合消费者的绿色需求和可持续竞争力，构建了绿色质量管理体系，使质量管理更有益于资源的有效利用和环境保护，此外还运用过程方法，策划绿色质量管理体系过程模式，系统地分析了绿色质量管理体系不同于传统的运行过程。苏秦等（2016）研究了技术创新、产业组织与装备制造业产品质量竞争力之间的关系，对技术创新和产业组织建立关系模型，以美国航空业为例，结果显示技术创新和产业组织都对质量竞争力有正向促进作用，提出技术创新是技术、知识、资源的凝练和重新组合，这种组合不仅改变了企业人员认知和行为，还改变了原有的生产设计和生产方式，提高了企业满足顾客需求的能力。谢靖和廖涵（2017）研究了环境规制与出口产品质量的关系，采用 SYS-GMM（system-Gaussian mixture model，系统高斯混合模型）方法对国内 27 个行业数据进行分析，结果表明环境规制与进出口质量呈现动态"U"形趋势，在拐点处不利于出口产品质量提高，环境规制与外资的交互项对出口技术复杂度的影响也存在较大差异，加大环境规制强度仅有利于以独资方式进入的外资发挥技术溢出效应，促进出口技术复杂度提升，对来自我国港澳台地区的境外资本和以合资方式进入的资本则产生不利影响，而对来自欧美等发达国家和地区的外资影响不明显。杨仁发和郑媛媛（2020）首先分析了环境规制、创新技术及制造业高质量发展三者之间的相互影响关系，将制造业高质量发展作为被解释变量提出了三个假设，并通过熵权法、门槛模型、SYS-GMM、固定效应模型进行了论证，结果表明环境规制能够促进技术创新，制造业高质量发展指数与环境规制存在"U"形关系，在此过程中还发现政府干预和工资水平对制造业高质量发展起抑制作用，城镇化率则刚好相反，人力资本也起着负向作用，但是吻合人力资本红利消失的现状。其次，对于技术创新的中介效应也进行了研究，主要是环境规制通过技术创新间接影响制造业高质量发展。同时，针对地区异质性和环境规制类型的异质性也进行了分析。最后，针对研究结果从完善环境规制机制、激励技术创新以及推动中西部制造业发展三个方面给出对策建议。赵爱英等（2020）从改革开放国策与赶超战略和出口导向战略、国家非均衡发展战略和产业资源要素非均衡性保护、产业要素禀赋和成本优势几个方面分析了制造业高速发展的主要途径，并结合我国的国情和外部环境分析了目前制造业高质量发展面临的主要难点，包括：①制造业高速发展惯性思维依然存在，转型发展认识和理性预期准备不足；②制造业高质量发展存在明显差距，高质量发展任重道远；③制造业高质量发展动力不足，对加快高质量发展形成了制约。在此基础上，赵爱英等（2020）给出了制造业高质量发展路径的几种选择，首先是转变制造业高质量发展路径依赖，其认为要从政策导向上着眼于长期的信念，坚定理念，做好长远规划，要认识到均衡发展的重要性，合理分配资源，提升整体的制造业发展质量，达到均衡发展的目的；其次是强调自主创新驱动的重要性，从宏观层面和微观层面给出了相应的建议；最后是要推动制造业商业模式创新，数字经济、数字技术的发展能够促进商业模式创新，从而有助于推动企业向高质量、高品质的方向转型。除此之外，还包括深化制造业供给侧结构性改革以及营造创新驱动制造业高质量发展的营商环境。除了上述研究外，还有学者结合工业互联网探究助推装备制造业高质量发展的路径（宋歌，2020）。

3. 质量竞争力评价研究

质量竞争力评价研究主要围绕评价指标体系和评价方法来进行。

（1）质量竞争力评价指标体系方面。蒋家东（2004）基于企业文化视角对国际上有关质量与运营战略、质量维度与质量竞争力、质量指数化与质量竞争力指数的研究进行整理和分析，以 Kumar 等（2002）提出的质量竞争力指数模型为基础，介绍了质量竞争力理论框架、评价方法和实施步骤，可为航空企业进行质量竞争力指数的定量测评和水平对比提供一个通用框架。王侃和文昌俊（2007）以制造企业生产过程能力为切入点，对质量形成的过程能力及过程能力的质量经济性进行分析，构建出包含质量管理、产品质量与成本的质量竞争力评价指标体系并进行建模分析，结果从在竞争环境不变的情况下不同竞争企业的产品或同一企业的不同产品、同一种产品在不同竞争环境中、制造企业质量竞争优势的最终效果以及产品价格和质量对最终产品质量竞争力的影响四个方面进行了详细的论述分析。张忠等（2010）结合制造业的情况，分析传统质量竞争力的基础层、过程层和结果层，归为质量竞争力的隐性和显性两个维度，收集、整理当地制造业相关数据，构建了质量竞争力模型，通过实践讨论了该模型的隐性竞争力指数和显性竞争力指数的重要性，发现隐性质量竞争力常常被企业忽视，是企业需要重视的关键因素。李卫红（2011）依据产品质量形成的全部流程，从离线质量竞争力和在线质量竞争力两个维度构建质量竞争力评价体系，并结合卓越绩效评价准则，构建了由基础层、过程层和结果层组成的质量竞争力层次模型，采用复合线性矩阵法对质量竞争力指数进行测评，这也验证了卓越绩效评价适用于企业质量竞争力测评系统。程虹和陈川（2015）结合质量管理和产业竞争力相关理论，总结出"质量要素＋市场竞争＋环境影响"竞争力三大核心模块，结合波特钻石模型，从投入产出的角度构建质量竞争力钻石模型，以质量要素、质量需求等六个系统构建质量竞争力评价指标体系，模型体现了"质量"的本质内涵和核心地位，弥补了现有的对质量竞争力测评的思路和方法的不足。王文璇等（2016）聚焦省级中小型制造企业，在现有研究的基础上构建了一套包含两个一级指标，五个二级指标的质量竞争力指标体系，模型从基础能力和发展能力展开，利用因子分析法进行实证分析，并从管理、控制、创新和信息化建设四个方面给出企业质量竞争力提升的具体参考建议，结果表明管理体系、控制体系、创新能力和信息化能力是影响质量竞争力水平的重要因素。杨芷晴（2016）基于国别视角在波特钻石模型的基础上结合投入产出效率构建了包括决定性指标、竞争性指标及环境性指标三个方面的指标体系，并结合因子分析法从质量要素等六个维度来对包括我国在内的 15 个国家制造业的质量竞争力进行观测，针对进一步提高我国制造业的质量竞争力给出了对策建议并构建了质量竞争力评价指标体系。余红伟（2016）基于质量转型的视角，运用主成分分析法分析了 30 个省级区域的制造业竞争力，结果表明，排名在前的地区和排名在后的地区之间存在很大的差距，排名在前的地区有很大的领先优势；排名在中间的竞争力较强区域存在发展断层迹象，大部分地区质量竞争力的发展处于弱势地位。余红伟（2016）认为，我国的制造业质量竞争力整体处于弱势地位，发展不均衡；他还进一步基于竞争力的发展维度进行了分类分析，将我国的制造业质量竞争力划分为四类，即内生发展型、竞争驱动型、政府–机会导向型以及均衡发展型，并分析各自的特点。傅京燕和李丽莎（2010）使用 1996～2004 年我国 24 个制造业的面板数据并通过构造综合反映我国实际情况的产业环境规制指标和产业污染密度指标，对环境规制效应、要素禀赋效应与产业国际竞争力的作用机制进行了分析。

（2）质量竞争力评价方法方面。根据指标体系构建特点，学者采用不同的方法对质量竞争力进行评价。蒋家东（2004）重新赋予质量竞争力内涵，并从质量竞争力"因"和"果"两个维度，一共九个层面构建评价模型，并以军工航空企业为实例对象，结合结果给出了军工航空企业发展建议。为弥补 AHP 存在的主观性缺陷，蒋家东（2005）将研究方法分为四大类：因素分析法、差距比较法、内涵解析法和计量建模法。AHP 是质量竞争力研究常用方法，张月义和韩之俊（2006）将 AHP 与 Fuzzy 相结合，从产品水平、质量管理能力、质量文化与质量信誉四个层面构建了质量竞争力测评体系，通过专家打分结合多层次模糊评价方法进行模糊综合评价，该方法具有评价指标体系确定合理、指标权重确定科学、模型实施的可操作性强的优势。薛玮（2014）将波士顿矩阵和梯度层次相结合，从横向和纵向两个方面对新疆乳制品企业进行差异性分析，采用因子分析，计算企业当前质量水平，得到可持续发展和质量竞争力最终得分。还有学者采用主成分分析和因子分析法，把质量竞争力相关要素拟合成四个要素，并根据我国区域质量竞争力特点将其划分为三个层级：强质量竞争力区域、中等质量竞争力区域和弱质量竞争力区域。余红伟和胡德状（2015）基于质量转型视角，以武汉大学质量发展战略研究院研发的质量竞争力测评体系为基础，把质量竞争力视为投入与产出之间的转换效率，运用三阶段 DEA 模型对 2013 年我国省级制造业质量竞争力进行评价分析，根据结果把我国区域质量竞争力划分为"高低型""低高型""双高型""双低型"，并根据评价情况对不同竞争力水平的发展从提高技术管理水平与扩大生产规模等方面给出了对策建议。张忠和金青（2015）从战略、过程、绩效和顾客价值四个维度对服务型企业构建了质量竞争力评价体系，采用反向传播（back propagation，BP）神经网络方法进行评估，计算出该企业四个要素最终得分依次为 73.73（战略）、81.51（绩效）、89.99（过程）和 87.06（顾客价值），质量竞争力得分为 87.42。苏秦等（2016）结合现有文献，分析技术创新和产业组织对重大装备制造业产品质量竞争力的影响作用，运用案例研究方法，分析美国航空产业发展历程与规律，结果发现，技术创新对于产品生产的各个环节都有至关重要的作用，同时，技术创新还是一种稀缺资源，可帮助企业形成核心竞争力，也促进了产业组织形态的演变，最后作者指出，企业应该加大研发力度，构建产业内部技术资源共享平台，合理规划产业结构，促进产业规模不断壮大。

除了上述研究外以下几种较为常见的方法也被用来评价质量竞争力。

（1）AHP。

作为一种较为传统的评价方法，AHP 对于早期的质量竞争力评价具有重要作用。王涛和陈国华（2007）单独用 AHP 对质量竞争力进行评价，并将质量与核心竞争力结合进行评价。张月义和韩之俊（2006）将 AHP 方法和模糊综合评价方法相结合，得到模糊综合评价模型并用此方法对企业的质量竞争力进行评价，所得结果能够更加精确地反映企业的竞争能力，对优势和劣势有更全方位的体现并为企业提供参考，从而使企业能够更精确地认识自身的能力。薛玮（2014）将 AHP 和因子分析法及波士顿矩阵模型法结合，并结合新疆乳制品企业的实际情况，从纵向和横向角度对其质量竞争力的现状进行分析，得出更精准的评价结果。

（2）基于质量竞争力指数的评价方法。

国家质量监督检验检疫总局发布的质量竞争力指数得到了广泛的运用，从国家层面对质量竞争力进行评价分析，是对质量竞争力的官方定义，具体包括了标准与技术水平等指标。不少学者在质量竞争力指数的基础上对质量竞争力的评价进行了创新和运用。蒋家东（2004）总结了国外较具代表性的研究中关于质量要素的选取，并分析了国外对质量竞争力指数的不同指标的选取，最后得出的结果指导了航空企业质量竞争力指数的定量测评和对比。毛帅（2013）在现有研究的基础上构建了工业质量竞争力指数体系，结合 AHP 得出质量竞争力指数，该结果便于质量管理部门的管理及企业在生产经营过程中进行横向比较。肖骏（2014）结合文献阅读法、社会调研法和比较研究法对质量竞争力理论进行分析研究，利用质量竞争力指数分析江西省装备制造业竞争力，最后得出江西省质量竞争力指数的得分情况，从而指出了该省质量竞争力的突出问题，为相关方提供参考。

（3）因子分析法。

因子分析法源于 20 世纪，它将多个因子综合成几个关键因子从而实现降维，显示原始因素和关键因子的关系。质量竞争力的影响因素较多，因此不少学者通过因子分析法试图探索关键因子的存在，王文璇等（2016）

利用因子分析法，在实证研究的基础上发现影响质量竞争力的关键因素为管理体系、控制体系、创新能力和信息化能力。孙良泉等（2017）从产业质量的角度出发，构建了质量竞争力评价体系，采用主成分分析和因子分析相结合的方法，将 17 个市划分为强、中等以及弱三个质量竞争力等级区域，并且分析了各个层级质量竞争力的薄弱环节，给出了对策建议。

　　以上是从质量竞争力的影响要素、评价体系和评价方法三个方面进行的相关综述分析。本章收集了我国在 2002～2017 年质量竞争力代表性文献，并根据作者、特征和指标三个维度对质量竞争力文献进行简单罗列，如表 2-6 所示。

表 2-6　国内关于质量竞争力特征及评价指标

作者	特征	指标	
		一级指标	二级指标
唐晓芬（2002）	价值性 难以移植 个性化 可持续发展 动态性	基础要素	创新能力 质量文化 质量战略
		过程要素	研究开发 质量改进 供应链管理
		结果要素	顾客忠诚 绩效 品牌
温德成（2005）	相对性 指向性 综合性 动态性	根源要素	质量要素与质量文化 质量方针与质量战略
		支持要素	过程控制能力 供应商质量控制能力 顾客服务能力 营销能力
		表现要素	实物质量水平 符合性质量 适应市场能力
蒋家东（2005）	开放性 竞争性 独特性 动态性 整体性 长期性	影响因素	质量资源 质量能力 质量文化 质量环境
		结果因素	实物质量 质量管理 科技成果 顾客满意程度 市场适应能力

续表

作者	特征	指标	
		一级指标	二级指标
李卫红（2011）	负责性 动态性 相对性 多因性	离线质量	顾客与市场 产品研发 生产准备 企业绩效
		在线质量	设备 原材料 方法 人员
余红伟（2016）	支持性 过程性 环境性	投入变量	土地要素 技术要素 人才要素 设备要素
		产出变量	质量需求
		环境变量	产业链支持 金融支持 企业效益 产业结构 交通机会

除了上述方法外，比较常见的还有灰色系统理论法（杨婷婷，2022）、BP 神经网络法（张忠和金青，2015）、案例研究法（苏秦等，2016）、DEA（甄晓非，2014；余红伟和胡德状，2015）等，这些评价方法为本书的研究提供了参考和借鉴。

2.2.3　国内外研究现状评述

质量竞争力的概念一直以来都备受各界的广泛关注，质量作为装备制造业发展的命脉，更是得到了一线工作人员的关注，如何增强质量竞争力同时将它作为企业核心竞争力的一部分推动企业的高质量发展是当下研究的重点内容，回顾已有研究发现，学者对质量竞争力的本质有不同的看法，从上述研究中我们发现质量竞争力具有以下几个特点。

1. 综合性

质量竞争力是一个复杂、多样的概念，是许多因素的综合表现，企业要想获得质量竞争力，不能只关注产品的某一个方面，从产品本身到相关的人员配置、供应商的选择到企业的决策、政策环境等都能影响质量竞争力的强弱。而且，这些影响因素之多，并不是单独一个方面能够概括，所以在对质量竞争力的研究过程中需要全面了解，这也给质量竞争力的研究带来了一定的困难。

2. 系统性

质量竞争力更可以看作一个动态的系统，随影响因素的变化而变化，并且相关因素之间还存在相互作用，最后带动质量竞争力的变化，考虑质量竞争力时更应该强调整体性，不能片面地关注某个方面的作用。

3. 对比性

竞争的本质是对比，离开了竞争对手，竞争便无从谈起，质量竞争力也不例外，在竞争市场中，企业不能只关注自身的发展，闭门造车，更需要关注竞争对手的动态，找出自身的优劣势。质量竞争力评价本身就是一种对比，在评价的过程中要进行同类型的比较，要关注目标的可比性。

4. 动态性

质量竞争力是一直变化的，面对市场的变化、竞争对手的变化、客户需求的不断升级、政策的不断推陈出新，企业需要不断地调整，不断学习以更好地适应不同的需求，这样才能在市场中生存。

5. 不可复制性

企业成长有各自的特点，最终形成的质量竞争力特点也千差万别。有些企业虽然在某些领域具有独特优势，但是其他方面可能存在欠缺。如果企业忽略自身特点完全生搬硬套其他公司的运营模式，最终会导致适得其反的结果。

6. 长期性

质量竞争力是一个长期的结果，只有有存在价值、满足客户需要、经得起市场检验的企业才能获得市场竞争力，获取由自身质量竞争力带来的成果，才能更好地扎实自身发展根基，为企业发掘潜在市场、供应优质产品提供保障。

除了上述特点外，通过对质量竞争力评价的文献进行分析发现，质量竞争力不再只反映产品、生产环节中的问题或者是企业拥有的优势资源等，为了获得持续的竞争力，企业需要有自己独特的优势，循规蹈矩的产品不再是"免死金牌"，企业需要创新，创新也成为企业关注的焦点，企业不断地提高自身的创新能力，推出更具特色的产品，迎合顾客的需求，这样才能长久地获得顾客支持，占据有利的市场资源。许多学者都将创新引入了质量竞争力的评价中，并且认为创新能够引起质量竞争力的提升。除此之外，随着经济的发展，顾客的素质不断提高，越来越多的顾客关注环保问题，环保问题变得越来越敏感，这使得企业不得不将环保问题纳入考虑的范畴，我们都知道环境友好型的企业更能被社会所接纳，所以，结合现存的环境以及政策要求，质量竞争力应是一个整合的概念，是企业在市场竞争中发挥创新优势，在保证环境友好的基础上生产出高质量产品并且满足顾客需求的能力，同时，质量竞争力又是一个复杂的动态系统，各个因素之间相互作用，随着时间、外部环境以及政策等随时变化。

目前对质量竞争力的研究主要集中在产品生产过程中的相关因素方面，通过建立评价指标体系来对某个对象进行评价，多数是静态评价，没有从可持续发展的动态角度来考虑质量竞争力的本质，同时，传统的评价方法大多是在各个指标相互独立的基础上建立的，没有考虑到指标之间的反馈机制。质量竞争力的评价方法选取上多是运用传统的评价方法，比如 AHP、DEA、因子分析法等，这些方法为质量竞争力的研究提供了重要的理论基础，但是它们都具有某些共同的特点，如不能随时间的演变而发生改变，所给出的评价是静态的。在上述研究的基础上，本书以质量竞争力系统的系统性、动态性、科学性为出发点，构建了质量竞争力评价体系，从生产水平、创新能力、管理能力和可持续发展几个方面对质量竞争力进行评价分析，以得出质量竞争力随时间变化的演变趋势，为后续的质量管理工作提供参考。

2.3　本　章　小　结

本章内容归纳如下。

（1）本章介绍了竞争力理论、质量管理理论、人因可靠性理论等的理论基础，为全书的研究确定理论框架，并在此基础上提取质量竞争力的内涵。

（2）本章介绍了质量竞争力内涵的研究现状，总结了综合性、系统性、对比性和动态性等几个特点，并在现有研究的基础上定义了质量竞争力的内涵。

（3）本章介绍了本书所用的权重确定法——熵权法的步骤和基本原理。

（4）本章介绍了系统动力学的相关概念，从系统动力学的兴起、特点、分析步骤以及适用性来分析系统动力学的相关方法，并介绍了本书所选用的仿真平台 Vensim，在此基础上对系统动力学应用于本书研究的适用性进行了分析。

（5）本章分析了国内外研究现状，提取出质量竞争力的特点，并对相关研究进行了综述。

第二篇

基于系统动力学的装备制造业质量竞争力评价研究

第 3 章

质量竞争力系统评价指标体系及模型构建

3.1 评价指标体系构建原则

虽然研究对象有本质差异，不同的研究对象需要构建的评价指标体系千差万别，但是构建评价体系时需要遵循的原则应该是一致的，通过阅读文献，总结出如下的构建评价指标体系的原则。

3.1.1 科学性原则

构建质量竞争力的评价指标体系时必须遵循经济规律和生产实际，采用科学的方法和手段，构建的指标必须是可测量的、有依据的，且需符合客观实际，能够通过数学建模的方式得出确切的结论，在定性和定量研究的基础上，构建的指标体系要具有客观性和真实性，并且能够反映所研究的质量竞争力系统的发展演化的状态，能够衡量质量竞争力的不同角度和侧面，坚持科学发展的原则，顾全大局。指标体系过于宽泛或者狭隘都不利于得出正确的评价结果，所以，在进行指标的选取时，要把握科学发展规律，提高指标的效益性和准确性，以便做出真实有效的评价。

3.1.2 全面性原则

系统都是由不同的部分组成，质量竞争力作为一个综合性极强的系统，是由前期的市场调研、资源准备，中期的企业生产、管理，后期的维护保养等过程组成，贯穿了产品生产的全过程，在这个过程中多种要素相互影响，共同作用，仅仅根据某一个单一的要素来进行分析判断，很可能做出不正确的判断，所以质量竞争力评价体系的构建要综合考虑各指标，覆盖面广，考虑周全，通过多参数、多标准、多尺度的分析和衡量，从总体出发，综合分析各个因素的特点，旨在得出一个全面的分析结果。

3.1.3　可操作性原则

选取指标时，要结合实际考虑指标的可操作性，使得所选指标最终能够为评价服务，所以要以质量竞争力评价的目的和内容为出发点，要在总体范围内统一指标的量纲，使得不同的指标能够相互比较，并且计算方法、量度也要保持一致，指标要易于分析，简单明了，可获得性强，便于后续的分析处理。

3.1.4　系统性原则

作为企业竞争力的重要组成部分，系统性原则要求构建评价体系时要从企业全局考虑，整体把握，把质量竞争力系统看成一个动态的系统来对待，指标体系要能够反映质量在企业竞争中的重要作用，要能够全面地掌握质量的内涵和组成，要能够体现各个子系统、子要素相互作用的方式、强度和方向等各个方面的内容与特点。因此，把质量竞争力视为一个系统来看待，是基于质量竞争力的本质特点进行的。

3.1.5　动态性原则

质量竞争力是动态的，相关因素的变化都会对质量竞争力产生不同的影响，作为现实存在的系统，它的关联性和有序性都是变化的。由于产品本身或生产方式一直随着市场、时间以及周围条件的变化而变化，因此在构建质量竞争力评价指标体系时应考虑动态性的特点，使其能够反映质量竞争力的动态变化。

3.2　评价指标体系构建

3.2.1　影响因素分析

根据装备制造业质量竞争力的影响因素较多的特点，且因素之间还存在着复杂的、特定的关系，本书的研究在以往对质量竞争力的评价研究基础上，采用实地调研法、专家访问法等分析方法提炼出主要影响装备制造业提升质量竞争力的关键因素，借鉴已有的研究成果，对质量竞争力的影响因素加以补充和修正，提出了质量竞争力影响因素系统，主要分为生产水平、创新能力、管理能力、可持续发展四个子系统，如图 3-1 所示。

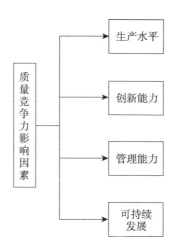

图 3-1　质量竞争力影响因素

从图 3-1 中可以看到质量竞争力的影响因素，通过深入研究和整理发现，各个因素不仅对质量竞争力产生了影响，相互之间还存在复杂的影响机制，更符合了系统的特性，各个因素之间的相互作用又对质量竞争力的提升产生了影响。通过分析各个因素之间的影响机制，可得出如图 3-2 所示的影响因素关联图。

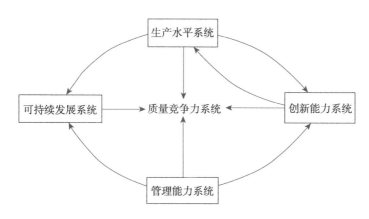

图 3-2　质量竞争力影响因素关联图

（1）生产水平系统。作为制造业的首要任务，生产是企业创造财富的活动和过程。企业的生产水平直接影响了企业的盈利、市场占有率等，当然也关乎质量竞争力的提升过程。生产水平系统受到员工技能、设备运作、物料供应、及时交货、管理能力等方面的影响，其中管理能力的完善更有助于提升员工技能、提高生产效率、降低事故风险等。除此之外，企业的研发创新能力对生产也存在促进作用，通过对企业的走访发现，企业的研发和生产往往是一个反馈的作用机理，优秀的企业会时刻关注生产现场，从一线员工的反馈中分析出产品改进的新方向。提高质量管理能力，发挥创新优势对于生产水平提升的促进作用。

（2）创新能力系统。生产是企业的基石，创新是企业的灵魂，市场经验告诉我们一成不变的产品难逃淘汰的命运，中国制造已经不再是以往的模仿复制。近年来从国家层面到企业无不在强调创新的重要性，党的二十大及两会都将创新作为关注的重点，对于制造企业来说，开发出能够满足市场要求的产品更是重中之重。通过对文献的整理发现，企业的创新主要受到市场竞争、市场需求、创新投入、政府扶持、创新利润等的影响。良好的管理能力能使企业更合理地配置企业资源，指明企业的发展方向，有研究表明企业的研发管理和企业的技术创新效率正相关（陈泽聪和徐钟秀，2006）。

（3）管理能力系统。在质量竞争力提升过程中，企业管理主要是指为了保障生产活动的顺利进行，提升产品质量竞争力，针对企业的人力资源、管理机制、质量文化、氛围等开展的一系列的管理活动。高效的管理能力能够通过合理分配企业的资源，激励员工为之奋斗，并且营造良好的质量氛围，从而减少企业的损失，提升产品的质量竞争力，管理能力对可持续发展以及创新能力的提升都具有促进作用。

（4）可持续发展系统。随着人们环保意识的增强，人们会更多地关注产品的能耗、物耗等环保性能，所以生产对环境有利的产品在某种程度上会对企业获得竞争力产生促进作用。对于企业来说，追求绿色化已经提上日程，从原材料的选取到加工，生产过程的控制到产品的使用，绿色化已经贯穿产品生产的始终。绿色化水平系统的具体指标包括企业评价、资源消耗、环境影响、企业意识及政府干预，除此之外，企业的创新以及管理都会对绿色化过程产生影响。此外，本书还研究了发展机会对于企业可持续发展的影响，并从相关产业支持、交通物流等方面探索影响可持续发展的因素。

评价装备制造业质量竞争力的四大系统，是根据企业生产过程以及外部环境影响情况来分类，四大系统分别受到它们的各个子系统影响，四大系统最终形成一个有机的整体，构成一个相互影响的网络，最后对质量竞争力的评价产生作用。质量竞争力评价系统直观地反映了各个因素之间以及各个因素和质量竞争力之间的影响路径，使得整个影响过程更加直观和详细，最终形成一个质量竞争力的非线性化影响模型。

1. 生产水平系统

生产水平是衡量一个企业生存的重要指标，制造业的主要任务就是产品的生产，只有对于产品才能谈质量。产品生产过程中从前期的物料准备到最后产品走向市场都对产品质量竞争力有至关重要的影响，生产水平系统的影响因素之间也是相互关联的，其影响因素有员工技能、设备运作等，各个因素之间的影响关系如图 3-3 所示。

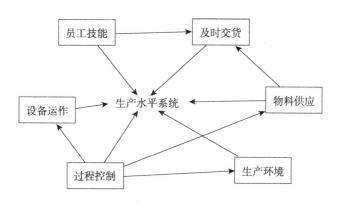

图 3-3　生产水平系统影响因素关系图

1）员工技能

员工作为一线生产参与者对于产品的生产至关重要，优秀的员工会努力提升自身的操作技能，以减少生产中的操作失误，生产出更优质的产品。通过对企业的实际调研发现，许多企业对于员工技能的提升都给予高度重视，鼓励员工进行资格认证、参加技能大赛，对员工进行考核并给予奖励等，并且认为高技能水平的员工在面临突发情况时能够更冷静理智地处理，对于新员工也能够起到帮助作用。

2）设备运作

设备运作主要是指生产现场的设备使用情况、利用率、维护和保养。随着经济的发展，许多制造企业都大规模地引进了机器进行生产加工，多数情况下都是大型设备，如果一台设备经常出故障或者闲置时间过长，没有发挥设备的有效作用，这对于企业来说是不小的损失，会影响生产进程，并且在某些情况下，机器加工的零件误差小于手工产品，因此设备故障或闲置时间过长对于后续产品的组装成型以及质量也影响巨大。

3）过程控制

过程控制能够确保整个生产过程处于一个可控状态，对直接或者间接影响产品生产过程的生产行为或作业进行检测、测量、控制等。例如，对产品的零件进行追溯，给各个零件设立独立的并能够明确表示的可追溯单，实时监测零件的加工和生产，这样如果某个环节出问题就可以准确地找到责任人以及故障原因。良好的过程控制水平能够降低生产环节出错的概率，为管理者更好地分析生产过程提供支持。

4）物料供应

物料供应是指为满足企业的生产提供一切物资支持，包括原材料、运输工具等，它是企业生产的重要物质保证。良好的物料供应能力能够确保生产的顺利进行，也是生产的前提和保障。

5）及时交货

及时交货主要是指企业能够按照顾客要求及时交付货物。及时交货能够帮助企业建立良好的形象，表明企业重合同守信用，也是企业诚信的重要构成部分。及时交货表明了企业的生产水平高、效率高，从而可减少不必要的催货发生费用，节省双方交易费用，降低交易成本，提高客户满意度，建立良好的客户关系，提高企业知名度。

6）生产环境

生产环境是指进行生产的地点，包括生产的工装、量具、操作者、环境等许多方面。对于装备制造业来说，生产环境对员工的影响巨大，因为大多数情况下员工都是在大型器械的帮助下进行生产，大型器械产生的噪声、粉尘甚至气流都会对员工以及产品造成影响。随着管理者和一线人员素质的提高，人们开始关注生产环境，较为通用的有6S现场管理法等。

2. 创新能力系统

创新是企业推出新产品，适应市场需求，在竞争中生存和获得竞争力的基础，创新能力强的企业能在竞争中获得更具有优势的地位、更多的经济效益，从而能够保障企业的稳定发展，影响创新能力的因素较为复杂，本书主要研究的因素有创新投入、企业设备水平、创新利润、产学研合作，影响因素之间的关系如图 3-4 所示。

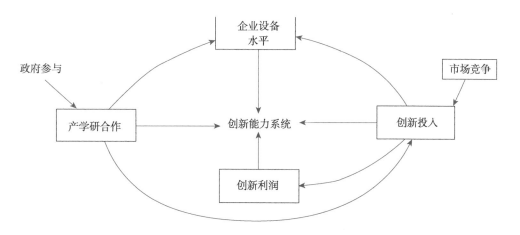

图 3-4　创新能力系统影响因素关系图

1）企业设备水平

设备是技术的重要载体，没有设备作为支撑技术就无法实现。对于装备制造企业来说生产的机械化配备情况直接影响企业的产量，但是同时也受到企业经营情况的制约，优良先进的设备能够提高生产效率，激发企业的创新，合理的设备满足科学性、适用性和合理性。

2）创新投入

创新投入是创新的基础，已有研究证明了创新投入对企业创新能力具有积极的影响（宁连举和李萌，2011），创新投入反映了企业对创新的重视程度，是衡量企业创新的重要指标，本书模型中创新投入受到市场竞争、产学研合作水平的影响，市场对创新的需求越高，就迫使企业不得不投入更多的人力、物力、财力去创新，产学研合作会使企业投入更多去完成创新。

3）产学研合作

产学研合作是指产业、高校、研究机构的资源整合利用，企业提供经费资源，高校提供基础知识，工程中心等科研机构完成技术开发。企业追求更好的发展需求合作模式，在整个过程中，高校和科研机构为企业提供创新或者发展的动力，企业为二者提供验证的平台和资源。高校主要完成人才培养，在这个模式中，通过和企业及科研机构的合作，可以使得高校的人才培养更结合生产实际，为人才进入社会做准备。在整个合作过程中科研机构可以借助社会资源和平台实现技术转移，和高校合作突破技术瓶颈，并推动整个产业的发展。此阶段涉及政府参与，政府为企业、高校等参与机构提供更具监管力度的平台,确保产学研合作的合法性、公平性等，为产学研合作保驾护航，另外，政府还能通过政策激励产学研合作平台的积极性，号召更多科研人才的加入，提供技术和学术支撑。产学研合作模式如图 3-5 所示。

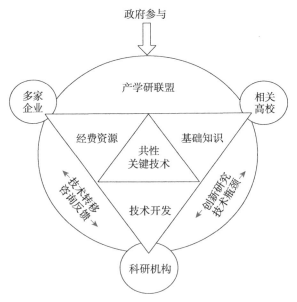

图 3-5   产学研合作模式

4）创新利润

创新利润是指企业通过创新活动获得的利润，是企业创新的直观产出，创新利润也是企业最关心的指标,某些企业还用创新利润来衡量创新能力，创新利润受到政府扶持、市场竞争、市场需求的影响。

3. 管理能力系统

管理能力是企业综合水平的一种表现，是提高企业效率的一种能力，良好的管理能力能够保障企业的顺利运营，合理配置企业资源，是企业统筹规划的一种表现，企业管理涉及企业的方方面面，和创新、生产等都有相互作用，本书在企业管理的基础上加入了质量管理的相关因素，从管理机制、人力资源、教育培训、信息系统、质量文化几个方面来研究管理能力系统，各因素之间的关联如图 3-6 所示。

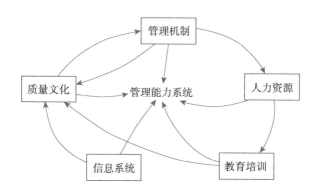

图 3-6　管理能力系统影响因素关系图

1）管理机制

管理机制是指企业管理系统的内在机制、联系、功能及运行的原理，是企业管理的基础，它是客观存在的，是由组织的基本结构决定的，组织结构改变将会导致管理机制的改变。

2）人力资源

人力资源主要是指企业的劳动力管理，人力资源部门通过为企业引进人才，进行人才管理、人才开发。人力资源管理的好坏决定了企业人才的质量和企业员工的归属感等方面。人力资源管理影响教育培训，是企业提高管理能力的重要手段。

3）教育培训

教育培训能够有效提高职工的技术水平、整体素质及质量意识，也是提高各级管理人员质量管理水平和质量意识的重要途径。装备制造企业定期展开质量培训，使职工增强质量意识，企业形成质量文化，产生质量认同，从而形成独特的竞争力。

4）信息系统

信息系统为质量竞争力各个系统的运行提供了有效的信息支持，为企业生产管理提供了保障，能够有效地提高质量管理的效率，同时信息系统还能够为企业的质量评价提供依据，使评价结果更科学合理。

5）质量文化

质量文化是企业在生产过程中形成的独特文化，反映了企业质量管理理念、认同等，质量文化是质量意识、质量价值观、检测手段、质量目标、检测方法、奖惩制度的整体表达。良好的质量文化可以增强企业的凝聚力，是企业质量管理得当的表现。质量文化包括对质量的评价、相关认证等方面。

4. 可持续发展系统

作为新时期制造业关注的焦点，可持续发展显得尤为重要，现在的制造业已经将"绿水青山就是金山银山"的理念替代了牺牲环境保生产的老旧思想。现在消费者大多有了绿色环保的意识，普遍追求能耗小、环保型的产品，因此，生产出更节能环保的产品成为企业考虑的重点因素。企业的可持续发展受到资源消耗、环境影响、考核评价等因素的影响，各因素之间的关系如图 3-7 所示。

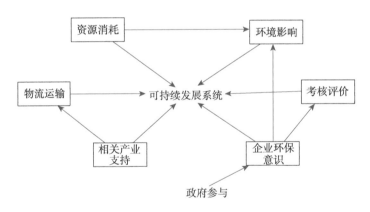

图 3-7　可持续发展系统的影响因素关系图

1）资源消耗

资源消耗主要是考虑了企业的物耗、能耗以及相关资源的消耗，资源消耗也是衡量企业可持续发展的重要指标，要控制好资源的使用，避免资源的不合理配置，确保资源能够充分利用，减少不必要的消耗，避免浪费产生。

2）环境影响

环境影响主要是指企业的生产活动对企业所处的地理位置附近的生态

环境的影响，包括企业的污水排放、废气排放等，降低对生态环境的影响要求企业从原材料开始就要考虑环保性能，生产过程更要实现绿色化生产，减少污染排放。

3）考核评价

考核评价是指企业在可持续发展的过程中根据国家标准结合自身生产实际制定的一系列考核评价政策，目的是能够更加客观地反映企业的可持续发展现状，提高全员的环保意识。

4）企业环保意识

企业环保意识是指企业对和可持续发展相关的各类环境现状、污染源、排放情况等的认识情况，企业对可持续发展的认识越充分，就能够越充分地约束自身行为，自觉降低环境影响、资源消耗。这里政府的监督将会促使企业加强环保教育，提升环保意识。

5）相关产业支持

企业在市场中并不是单独的个体，通过走访发现，贵州省许多装备制造业都将基础性的生产外包，企业负责关键或者具有优势的生产部分，这就需要区域内有相关的产业支持，这样就可以提高企业的生产效率，带动周边经济的发展。除此之外，服务业的支持也至关重要，服务业还能够培育各类市场，使市场更完善。

6）物流运输

物流是近几年的热点问题，装备制造业涉及原材料以及产成品的运输，并且运输成本还不低，所以企业所在的地区交通条件较好的话将会提高物流运输的效率，也会增加区域之间的合作，提升产业的竞争能力。

3.2.2　模型的边界及系统构成要素

系统的边界是指区分系统内部和外部的分界线，边界内部的因素对整个系统的影响较大，作用于企业内部，外部的因素影响较小。系统是一个庞大的集合，对于一个社会问题来说，其相关的影响因素非常多，而人的知识和思维能力是有局限的，不可能穷尽所有的因素，并且这样建立起来的模型也是没有意义的，所以为了避免建立庞大且无效的模型，在建模之前就需要确定系统的边界，并且需要根据系统要解决的问题以及实际情况来确定（张波等，2010）。

本书主要研究的是贵州省装备制造业的质量竞争力评价问题，通过前文的研究发现，影响贵州省质量竞争力的主要因素是生产水平因素、创新能力因素、管理能力因素、可持续发展因素，因此本书以上述四个因素作为系统内部因素，深入探析这四个因素对质量竞争力的影响。

3.2.3 因果关系及变量定义

1. 建立因果关系图

因果关系图是系统动力学的核心部分，合理地分析因果关系，找出其中的逻辑联系是后续定量分析的基础。

质量竞争力的研究要基于一定的研究视角，通过前文的分析可以知道质量竞争力系统包括生产水平系统、创新能力系统、管理能力系统以及可持续发展系统，结合质量竞争力理论及生产实际，本章将从企业的角度，结合投入产出理论来构建质量竞争力系统的因果关系图，如图 3-8 所示。

图 3-8 中存在以下几条重要的因果回路。

质量竞争力提升总投入↑→员工技能↑→生产水平↑→质量竞争力提升总水平↑→质量竞争力提升总投入↓。

质量竞争力提升总投入↑→设备运作↑→生产水平↑→质量竞争力提升总水平↑→质量竞争力提升总投入↓。

质量竞争力提升总投入↑→生产环境↑→生产水平↑→质量竞争力提升总水平↑→质量竞争力提升总投入↓。

质量竞争力提升总投入↑→及时交货↑→生产水平↑→质量竞争力提升总水平↑→质量竞争力提升总投入↓。

质量竞争力提升总投入↑→过程控制↑→生产水平↑→质量竞争力提升总水平↑→质量竞争力提升总投入↓。

质量竞争力提升总投入↑→物料供应↑→生产水平↑→质量竞争力提升总水平↑→质量竞争力提升总投入↓。

质量竞争力提升总投入↑→创新投入↑→创新能力↑→质量竞争力提升总水平↑→质量竞争力提升总投入↓。

质量竞争力提升总投入↑→企业设备水平↑→创新能力↑→质量竞争力提升总水平↑→质量竞争力提升总投入↓。

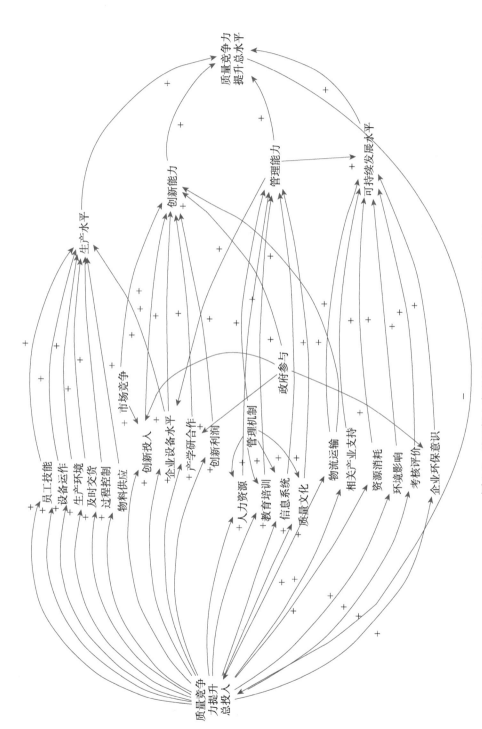

图 3-8　基于投入产出的质量竞争力系统因果关系图

质量竞争力提升总投入↑→产学研合作↑→创新能力↑→质量竞争力提升总水平↑→质量竞争力提升总投入↓。

质量竞争力提升总投入↑→创新利润↑→创新能力↑→质量竞争力提升总水平↑→质量竞争力提升总投入↓。

质量竞争力提升总投入↑→人力资源↑→管理能力↑→质量竞争力提升总水平↑→质量竞争力提升总投入↓。

质量竞争力提升总投入↑→教育培训↑→管理能力↑→质量竞争力提升总水平↑→质量竞争力提升总投入↓。

质量竞争力提升总投入↑→信息系统↑→管理能力↑→质量竞争力提升总水平↑→质量竞争力提升总投入↓。

质量竞争力提升总投入↑→质量文化↑→管理能力↑→质量竞争力提升总水平↑→质量竞争力提升总投入↓。

质量竞争力提升总投入↑→物流运输↑→可持续发展水平↑→质量竞争力提升总水平↑→质量竞争力提升总投入↓。

质量竞争力提升总投入↑→相关产业支持↑→可持续发展水平↑→质量竞争力提升总水平↑→质量竞争力提升总投入↓。

质量竞争力提升总投入↑→资源消耗↑→可持续发展水平↑→质量竞争力提升总水平↑→质量竞争力提升总投入↓。

质量竞争力提升总投入↑→环境影响↑→可持续发展水平↑→质量竞争力提升总水平↑→质量竞争力提升总投入↓。

质量竞争力提升总投入↑→考核评价↑→可持续发展水平↑→质量竞争力提升总水平↑→质量竞争力提升总投入↓。

质量竞争力提升总投入↑→企业环保意识↑→可持续发展水平↑→质量竞争力提升总水平↑→质量竞争力提升总投入↓。

从上述分析中可以看出，随着对质量竞争力的投入加大，各项影响因素的影响水平也发生变化，各因素之间的共同作用使得质量竞争力更加接近提升总目标，当达到提升目标时应该适当地减少投入。

2. 主要变量和常量集建立

系统动力学的变量主要分为水平变量、速率变量和辅助变量等，结合因果关系图、流图及方程的合理性，主要的变量和常量见表3-1。

表 3-1　主要变量和常量集

变量和常量及代码		含义
水平变量	SP1	表示生产水平系统水平，无量纲处理，分值越大表示水平越高
	SP2	表示创新能力系统水平，无量纲处理，分值越大表示水平越高
	SP3	表示管理能力系统水平，无量纲处理，分值越大表示水平越高
	SP4	表示可持续发展系统水平，无量纲处理，分值越大表示水平越高
速率变量	ZL1	表示生产水平系统水平增量，无量纲处理
	ZL2	表示创新能力系统水平增量，无量纲处理
	ZL3	表示管理能力系统水平增量，无量纲处理
	ZL4	表示可持续发展系统水平增量，无量纲处理
辅助变量	ZSP	质量竞争力提升总水平，无量纲处理，分值越大表示质量竞争力越强
	TR1	生产水平的投入水平，无量纲处理，分值越大表示水平越高
	TR2	创新能力的投入水平，无量纲处理，分值越大表示水平越高
	TR3	管理能力的投入水平，无量纲处理，分值越大表示水平越高
	TR4	可持续发展的投入水平，无量纲处理，分值越大表示水平越高
	CJ1	生产水平与目标差距
	CJ2	创新能力水平与目标差距
	CJ3	管理能力水平与目标差距
	CJ4	可持续发展水平与目标差距
	A11	员工技能水平变化量，单位时间增加量指标
	A12	及时交货水平变化量，单位时间增加量指标
	A13	物料供应水平变化量，单位时间增加量指标
	A14	过程控制水平变化量，单位时间增加量指标
	A15	设备运作水平变化量，单位时间增加量指标
	A16	生产环境水平变化量，单位时间增加量指标
	A21	创新投入水平变化量，单位时间增加量指标
	A22	企业设备水平变化量，单位时间增加量指标
	A23	产学研合作水平变化量，单位时间增加量指标
	A24	创新利润水平变化量，单位时间增加量指标
	M21	市场竞争对创新能力的影响，单位时间增加量指标
	M22	政府参与程度，单位时间增加量指标
	A31	人力资源水平变化量，单位时间增加量指标
	A32	教育培训水平变化量，单位时间增加量指标
	A33	信息系统水平变化量，单位时间增加量指标
	A34	质量文化水平变化量，单位时间增加量指标
	M31	管理机制对管理能力的影响，单位时间增加量指标

续表

变量和常量及代码		含义
辅助变量	A41	资源消耗水平变化量，单位时间增加量指标
	A42	环境影响水平变化量，单位时间增加量指标
	A43	考核评价水平变化量，单位时间增加量指标
	A44	企业环保意识水平变化量，单位时间增加量指标
	A45	相关产业支持水平变化量，单位时间增加量指标
	A46	物流运输水平变化量，单位时间增加量指标
	ZTR	质量竞争力提升总投入
常量	TB1	提升生产水平的投入比例
	TB2	提升创新能力的投入比例
	TB3	提升管理能力的投入比例
	TB4	提升可持续发展水平的投入比例
	MB1	生产水平目标
	MB2	创新能力水平目标
	MB3	管理能力水平目标
	MB4	可持续发展水平目标
	TR1 to A11	投入对员工技能的转化率，单位投入带来的增加量
	TR1 to A12	投入对及时交货的转化率，单位投入带来的增加量
	TR1 to A13	投入对物料供应的转化率，单位投入带来的增加量
	TR1 to A14	投入对过程控制的转化率，单位投入带来的增加量
	TR1 to A15	投入对设备运作的转化率，单位投入带来的增加量
	TR1 to A16	投入对生产环境的转化率，单位投入带来的增加量
	SP3 to A11	管理能力对员工技能的影响系数
	A11 to A12	员工技能对及时交货的影响系数
	A13 to A12	物料供应对及时交货的影响系数
	A14 to A13	过程控制对物料供应的影响系数
	A14 to A15	过程控制对设备运作的影响系数
	A14 to A16	过程控制对生产环境的影响系数
	M21 to A21	市场竞争对创新投入的影响系数
	A21 to A22	创新投入对企业设备水平的影响系数
	A23 to A22	产学研合作对企业设备水平的影响系数
	M22 to A23	政府参与对产学研合作的影响系数
	A21 to A24	创新投入对创新利润的影响系数
	M31 to A31	管理机制对人力资源的影响系数
	A31 to A32	人力资源对教育培训的影响系数

续表

变量和常量及代码		含义
	A32 to A34	教育培训对质量文化的影响系数
	M31 to A34	管理机制对质量文化的影响系数
	A33 to A34	信息系统对质量文化的影响系数
	A44 to A41	企业环保意识对资源消耗的影响系数
常量	A41 to A42	资源消耗对环境影响的影响系数
	A44 to A42	企业环保意识对环境影响的影响系数
	M22 to A44	政府参与对企业环保意识的影响系数
	A45 to A46	相关产业支持对物流运输的影响系数
	A44 to A43	企业环保意识对考核评价的影响系数

3.2.4　评价体系确定

通过上述分析，得出了质量竞争力评价系统各个指标之间的影响关系图，为了更加直观地看出质量竞争力评价体系的整体情况，将整体结构绘制如图 3-9 所示。

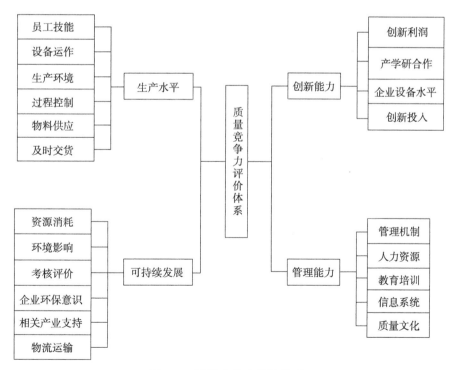

图 3-9　质量竞争力评价体系

各个指标之间的相互影响关系如图 3-10 所示。

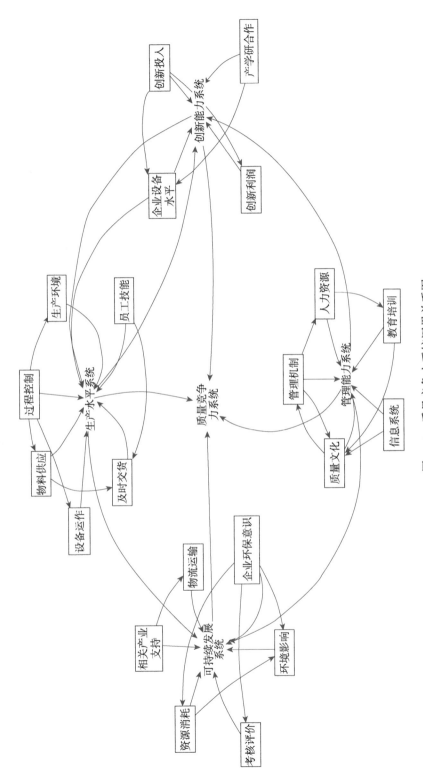

图 3-10 质量竞争力系统因果关系图

3.3　模 型 构 建

3.3.1　系统流图

要对质量竞争力的提升机制进行深入研究，单单进行因果关系分析是不够的，为了能够对它进行定量分析，本章结合系统动力学中流图的思路对每个子系统构建了如图 3-11～图 3-14 所示的流图。

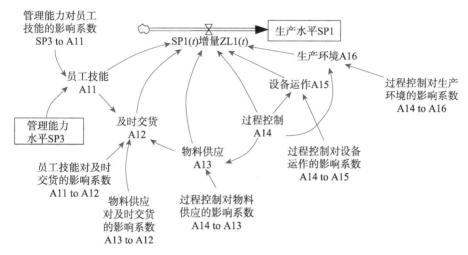

图 3-11　生产水平系统流图

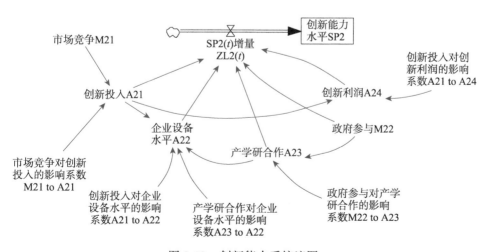

图 3-12　创新能力系统流图

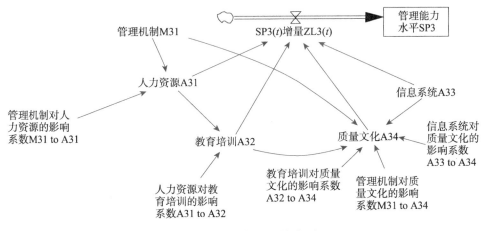

图 3-13　管理能力系统流图

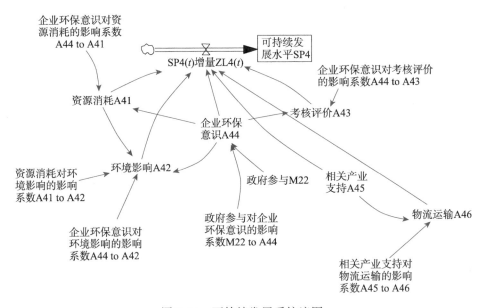

图 3-14　可持续发展系统流图

将以图 3-11～图 3-14 汇总后得到如图 3-15 的基础流图。

结合投入产出理论，从企业的角度出发，以质量竞争力的提升程度作为产出结果，构建如图 3-16 所示的质量竞争力系统投入产出总流图。

3.3.2　构建方程

$Z.SP.K = ZYL1 \times SP1(t).K + ZYL2 \times SP2(t).K + ZYL3 \times SP3(t).K + ZYL4 \times SP4(t).K$。$ZSP.K$ 为水准方程的表示方法，是软件自带的输出，K 表示一

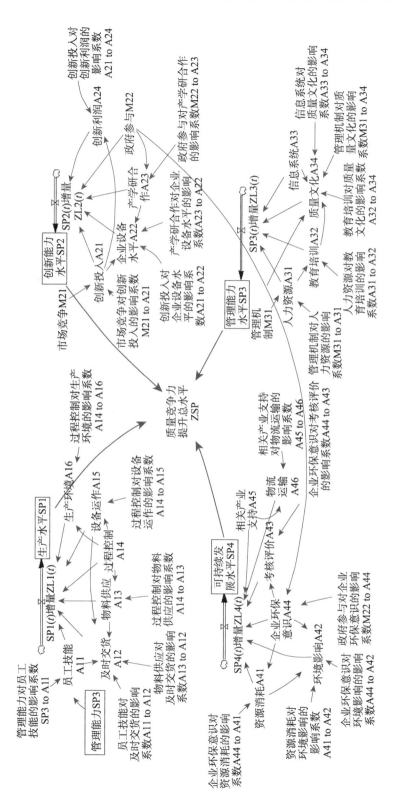

图 3-15 质量竞争力系统基础流图

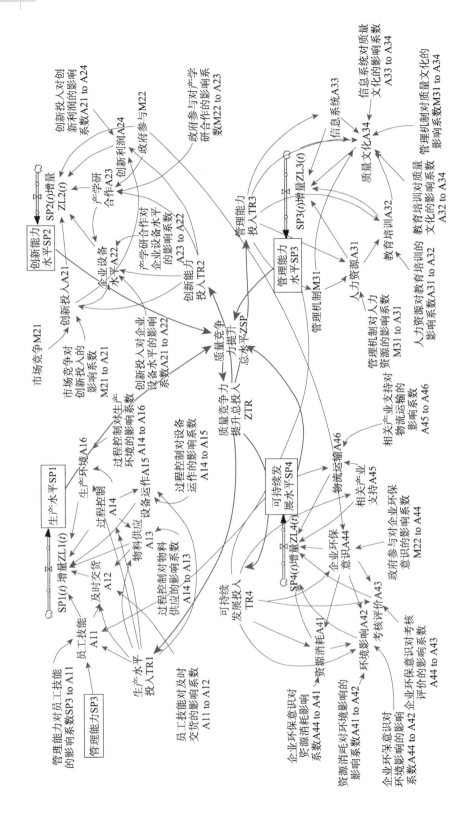

图 3-16 质量竞争力系统投入产出总流图

种积累状态。ZYL 为权重。

1. 生产水平系统水平

SP1(t).K = SP1(t).J + (DT) × ZL1(t)。DT 表示系统模拟的时间间隔，J 表示 K 时刻的前一个 DT 时刻为 J。

ZL1(t) = A11 × ZYL1-1 + A12 × ZYL1-2 + A13 × ZYL1-3 + A14 × ZYL1-4 + A15 × ZYL1-5 + A16 × ZYL1-6。

TR1 = ZTR × TB1。

A11 = "生产水平投入 TR1(t)" × TB1-1 × "投入对员工技能的转化率 TR1 to A11" × "管理能力对员工技能的影响系数 SP3 to A11"。

A12 = "生产水平投入 TR1(t)" × TB1-2 × "投入对及时交货的转化率 TR1 to A12" × "员工技能对及时交货的影响系数 A11 to A12" × "物料供应对及时交货的影响系数 A13 to A12"。

A13 = "生产水平投入 TR1(t)" × TB1-3 × "投入对物料供应的转化率 TR1 to A13" × "过程控制对物料供应的影响系数 A14 to A13"。

A14 = "生产水平投入 TR1(t)" × TB1-4 × "投入对过程控制的转化率 TR1 to A14"。

A15 = "生产水平投入 TR1(t)" × TB1-5 × "投入对设备运作的转化率 TR1 to A15" × "过程控制对设备运作的影响系数 A14 to A15"。

A16 = "生产水平投入 TR1(t)" × TB1-6 × "投入对生产环境的转化率 TR1 to A16" × "过程控制对生产环境的影响系数 A14 to A16"。

2. 创新能力系统水平

SP2(t).K = SP2(t).J + (DT) × ZL2(t)。

ZL2(t) = A21 × ZYL2-1 + A22 × ZYL2-2 + A23 × ZYL2-3 + A24 × ZYL2-4。

TR2 = ZTR × TB2。

A21 = "创新能力投入 TR2(t)" × TB2-1 × "投入对创新投入的转化率 TR2 to A21" × "市场竞争对创新投入的影响系数 M21 to A21"。

A22 = "创新能力投入 TR2(t)" × TB2-2 × "投入对企业设备水平的转化率 TR2 to A22" × "创新投入对企业设备水平的影响系数 A21 to A22"

× "产学研合作对企业设备水平的影响系数 A23 to A22"。

A23 = "创新能力投入 TR2(t)" × TB2-3 × "投入对产学研合作的转化率 TR2 to A23" × "政府参与对产学研合作的影响系数 M22 to A23"。

A24 = "创新能力投入 TR2(t)" × TB2-4 × "投入对创新利润的转化率 TR2 to A24" × "创新投入对创新利润的影响系数 A21 to A24"。

3. 管理能力系统水平

SP3(t).K = SP3(t).J + (DT) × ZL3(t)。

ZL3(t) = A31 × ZYL3-1 + A32 × ZYL3-2 + A33 × ZYL3-3 + A34 × ZYL3-4。

TR3 = ZTR × TB3。

A31 = "管理能力投入 TR3(t)" × TB3-1 × "投入对人力资源的转化率 TR3 to A31" × "管理机制对人力资源的影响系数 M31 to A31"。

A32 = "管理能力投入 TR3(t)" × TB3-2 × "投入对教育培训的转化率 TR3 to A32" × "人力资源对教育培训的影响系数 A31 to A32"。

A33 = "管理能力投入 TR3(t)" × TB3-3 × "投入对信息系统的转化率 TR3 to A33"。

A34 = "管理能力投入 TR3(t)" × TB3-4 × "投入对质量文化的转化率 TR3 to A34" × "管理机制对质量文化的影响系数 M31 to A34" × "教育培训对质量文化的影响系数 A32 to A34" × "信息系统对质量文化的影响系数 A33 to A34"。

4. 可持续发展系统水平

SP4(t).K = SP4(t).J + (DT) × ZL4(t)。

ZL4(t) = A41 × ZYL4-1 + A42 × ZYL4-2 + A43 × ZYL4-3 + A44 × ZYL4-4 + A45 × ZYL4-5 + A46 × ZYL4-6。

TR4 = ZTR × TB4。

A41 = "可持续发展投入 TR4(t)" × TB4-1 × "投入对资源消耗的转化率 TR4 to A41" × "企业环保意识对资源消耗的影响系数 A44 to A41"。

A42 = "可持续发展投入 TR4(t)" × TB4-2 × "投入对环境影响的转化率 TR4 to A42" × "企业环保意识对环境影响的影响系数 A44 to A42" × "资源消耗对环境影响的影响系数 A41 to A42"。

A43 = "可持续发展投入 TR4(t)"×TB4-3×"投入对考核评价的转化率 TR4 to A43"×"企业环保意识对考核评价的影响系数 A44 to A43"。

A44 = "可持续发展投入 TR4(t)"×TB4-4×"投入对企业环保意识的转化率 TR4 to A44"×"政府参与对企业环保意识的影响系数 M22 to A44"。

A45 = "可持续发展投入 TR4(t)"×TB4-5×"投入对相关产业支持的转化率 TR4 to A45"。

A46 = "可持续发展投入 TR4(t)"×TB4-6×"投入对物流运输的转化率 TR4 to A46"×"相关产业支持对物流运输的影响系数 A45 to A46"。

3.4　本 章 小 结

本章内容归纳如下。

（1）本章构建了质量竞争力系统的评价体系构建原则，明确了评价体系建立的几个基本原则，主要包括科学性原则、全面性原则、可操作性原则、系统性原则、动态性原则。

（2）本章分析了质量竞争力影响因素的特点，该评价属于多层次、多因素的复杂性系统评价，影响指标较多，为了使评价具有有效性，因此通过实地调研法和专家访问法确定了主要影响因素。

（3）本章从生产水平、创新能力、管理能力及可持续发展四个方面入手，结合贵州省装备制造业的现状，建立了质量竞争力系统评价指标体系，为后续系统动力学模型的建立提供框架支撑。

（4）本章结合系统动力学的方法建立了系统流图，定义了各个变量的具体含义，为后续的数据分析奠定了基础。

第 4 章

装备制造业质量竞争力评价实证研究
——以贵州省为例

前文在质量竞争力相关理论的基础上结合系统动力学的建模思想构建了质量竞争力系统评价指标体系和因果模型，为了验证模型的有效性和可靠性，本章以贵州省装备制造业为例通过实地调研、问卷调查、专家访问等方式完善模型的相关参数设置，结合贵州省的实际情况分析该模型用于装备制造业质量竞争力评价的实际效果。

4.1 贵州省装备制造业概况

新中国成立以后，在党中央的领导下，贵州省一直将工业经济发展放在首要地位，贵州省工业化进程得到了极大的发展，在经历了艰苦卓绝的发展后形成了全面的、具有一定规模和水平的、以支柱产业为支撑、以特色优势产业为依托、以高新技术产业为先导的特色工业体系，在此过程中工业经济效益得到了不断的提高，为全省经济发展做出了积极的贡献。总的说来，贵州工业大体经历了三个阶段。

第一阶段：初始发展阶段（新中国成立初期）。

新中国成立初期，贵州是一个较为贫困的农业省，经济发展以农业生产为主，1949 年全省工业总产值仅为 2.06 亿元，其中手工业占 92%，工业在全省工农业总产值中的比重仅为 24.3%。新中国成立后，经历了 1949~1952 年国民经济恢复期、"大跃进"和人民公社化运动、1961~1962 年的国民经济全面调整等历史时期，贵州工业得到发展，工业体系初具雏形。"一五"、"二五"和三年调整时期，贵州着重发展冶金、电力、煤炭、建材、食品工业，调整国民经济的比例关系，到 1965 年，全省工业总产值为 9.3 亿元，轻重工业比例为 58.3：41.7。

第二阶段：奠定基础阶段（三线建设时期）。

我国 20 世纪 60 年代中期到 70 年代，由于中共中央的备战考虑，全国范围内开始了生产力布局重大战略转移，对战略后方进行大规模建设，称为三线建设。三线建设分为大三线建设和小三线建设，贵州是大三线建设地区的重点省份之一。1966～1978 年，贵州进行了 13 年的大规模三线建设。全国 20 多个省区市 100 多个企业陆续迁入，20 多万名科技人员及职工进入贵州。三线建设期间，虽然受到"文化大革命"的严重干扰和影响，但是在党中央的坚强领导和全省广大干部群众的共同努力下，三线建设仍取得了巨大成就。国家对贵州"三线"项目投入的资金近 100 亿元，相当于 1950～1963 年全省新增固定资产投资的 3.9 倍。先后安排大中型工业建设项目 200 多个，地方配套建设小型项目 1000 多个。到 1978 年，贵州基本形成以现代工业为骨干、门类比较齐全的工业体系，建成了机械、电子、冶金、有色、化工、煤炭、建材等一批大型企业，形成了贵阳、六盘水、遵义、安顺、都匀、凯里等工业中心。在此期间，贵昆、湘黔铁路相继通车，交通、电力、邮电设施大为改善。全省工业企业达到 8904 户，比 1965 年增加 137.3%；全省工业总产值达 41.26 亿元，比 1949 年增长 19.0 倍，比 1965 年增长 3.44 倍。三线建设期间，贵州国防科技工业得到优先发展，建立了航空、航天、电子三个大型工业基地，拥有 100 多个生产、科研单位，基本形成从科研、设计到生产的综合制造能力，其他工业部门主要产品生产能力都有较大幅度增长。科研单位和工业企业的内迁带来了大批科研人员、工程技术人员和一批先进设备，迅速扩大了贵州的科技队伍，增强了科技和生产实力。

总体来看，通过三线建设，贵州从根本上改变了工业底子薄、布局不合理的局面，壮大了贵州工业的规模，奠定了贵州工业的基础，改善了贵州工业的布局，增强了综合经济实力，对开发贵州矿产资源、推动贵州经济发展起了极其重要的作用。贵州的三线建设在规划和布局上按"靠山、分散、隐蔽"的方针选点建厂，这在当时着眼于战备的条件下有着积极的意义。但是，由于指导思想的问题，三线建设速度发展不平衡，选点不当，布点分散，给企业组织生产带来了很多不便。同时，轻工业投资过少，非生产性建设欠账过多，军工企业整个生产能力利用率低，随着时代的发展和国际国内条件的变化，也逐步显现了它的不足和弊端。

第三阶段：快速发展阶段（改革开放以来）。

　　1978 年党的十一届三中全会召开以来，特别是实施西部大开发以来，历届省委、省政府始终坚持改革开放，紧紧抓住发展这一执政兴国的第一要务，以结构调整为主线，努力开发本省优势资源，着力培育和发展特色优势产业，大力发展和引进高新技术，积极推进企业技术进步，不断深化国有企业改革和相关配套改革，鼓励多种所有制经济共同发展，加强和改善工业经济运行调控，全面推进西部大开发等重大项目的实施，积极探索一条符合贵州省情的新型工业化道路。

　　在三线建设期间攒下的良好基础孵化了贵州省制造业，贵州省凭借天然的资源优势，催生了一大批装备制造企业，但由于受到区域位置、产业结构布局等原因的限制，很多装备制造企业逐渐向东部及沿海地区转移，剩下的制造业大多数生产技术水平相对偏下，这是贵州省装备制造企业质量竞争力水平一直处于我国末位的主要原因。随着我国装备制造企业实施全面升级战略，"质量第一，效益优先"发展策略也得到众多企业的支持和响应。贵州省拥有雄厚的制造经验，虽由于本身原因，全省的制造业整体水平表现为"大而不强"，但是，近年来在当地劳动人民的辛苦建设下，装备制造企业质量竞争力水平得到了显著的提升。同时，贵州省政府也积极响应"质量强国"号召，相继颁布了"工业强省"等一系列政策，更是凸显了贵州省人民逆流而上，实现工业复兴的决心。时至今日，制造业已成为贵州省的经济支柱性产业，是全省税收的重要来源，在第二产业中，制造业的税收一直占据重要地位（图 4-1）。贵州省正努力围绕"四新"主攻"四化"，奋力实现工业大突破，在新型工业化建设中，不断提升制造业的质量竞争力。

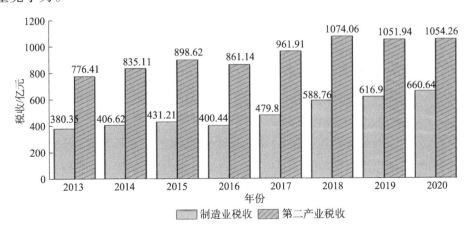

图 4-1　制造业税收情况

　　贵州省制造业紧紧围绕"稳增长、扩总量、调结构、促转型、增效益"的中心任务，实现了全省规模以上工业总产值从 2014 年的 9507.33 亿元增加到 2020 年的 10 301.81 亿元，增长率达到 8.4%。其中截止到 2020 年，贵州省制造业的工业总产值为 10 201.35 亿元，其中装备制造业的工业总产值为 1583.18 亿元，占制造业总产值的 15.5%。2020 年贵州省装备制造业主要经济指标情况如表 4-1 所示。

表 4-1　2020 年贵州省装备制造业主要经济指标情况

项目	制造业/亿元	装备制造业/亿元	装备制造业占全省制造业比重
企业总数	3 600.00	776.00	21.6%
资产总计	7 576.00	1 893.61	25.0%
工业总产值	10 201.35	1 583.18	15.5%
主营业务收入	6 669.37	1 320.00	19.8%
利润总额	1 764.36	97.88	5.5%
税金总额	1 034.82	67.31	6.5%

　　从发展效益来看，2013～2020 年全省工业主营业务收入从 7357.43 亿元增长到 9120.36 亿元，增速达到 24%，利润总额从 636.59 亿元增长到 1174.41 亿元，增速达到 84.5%。目前，全省装备制造业生产经营环境稳步回暖，在规模总量壮大的同时，质量效益逐步提升，营利能力有效提高，市场竞争力逐渐加强。

　　从子行业来看，截止到 2020 年，贵州省装备制造业企业数最多的是金属制品业，为 182 家；其次是电气机械及器材制造业，为 168 家；其他子行业的企业数情况如图 4-2 所示。

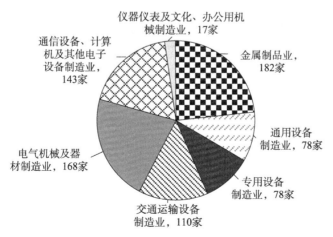

图 4-2　子行业企业数

　　子行业中通信设备、计算机及其他电子设备制造业 2020 年的资产总额是 2013 年的 18 倍,该行业的主营业务收入和利润总额也较 2013 年增长了很多,可见大数据在贵州的兴起强力拉动了当地的产业发展;除此之外,交通运输设备制造业也从 2013 年的亏损状态扭转为 2020 年的盈利状态。各子行业 2013 年和 2020 年的主要发展情况如表 4-2 所示。

表 4-2　2013 年和 2020 年各子行业发展情况

子行业	资产总额			主营业务收入			利润总额		
	2013 年/亿元	2020 年/亿元	增速	2013 年/亿元	2020 年/亿元	增速	2013 年/亿元	2020 年/亿元	增速
金属制品业	96.66	241.95	150.31%	94.76	198.25	109.21%	3.60	10.50	191.67%
通用设备制造业	66.74	118.19	77.09%	58.89	82.01	39.26%	4.77	5.09	6.71%
专用设备制造业	114.94	108.61	−5.51%	56.79	62.13	9.40%	0.67	2.76	311.94%
交通运输设备制造业	332.9	741.94	122.87%	244.1	346.36	41.89%	−1.06	23.07	2276.42%
电气机械及器材制造业	98.65	283.49	187.37%	107.09	225.29	110.37%	3.37	9.93	194.66%
通信设备、计算机及其他电子设备制造业	21.09	383.11	1716.55%	48.46	393.32	711.64%	2.66	15.16	469.92%
仪器仪表及文化、办公用机械制造业	15.76	16.32	3.55%	9.52	12.64	32.77%	0.90	0.80	−11.11%

　　贵州拥有丰富的矿产资源、独特的地形地貌,催生了以航空航天为主的产业结构体系。近年来,贵州打通了重重高山的阻拦,获得了"西南枢纽"的美名,拿到了大数据名片,"爽爽的贵阳"也被海内外朋友铭记。在科技高速发展的今天,贵州铆足干劲向前跨越,近几年贵州也成为全国人才流动的热点地区之一。发展中的贵州如何抓住机遇、逆流而上,实现质量竞争力华丽转变,是打造属于当地的产业文化名片的核心环节。

　　近些年来,贵州以实施供给侧结构性改革、"千企改造"工程,推动强基补链,培育发展新动力,大力实施智能制造,着力推进军民融合,不断优化产业结构,使得转型升级初显成效,形成了小河-孟关装备制造业生态工业园区、贵阳国家高新技术产业开发区、安顺民用航空产业国家高技术产业基地、安顺黎阳高新技术产业园区等装备制造业集聚区，拥有贵州詹阳动力重工有限公司、中国贵州航空工业（集团）有限责任公司、贵州黎阳航空发动机有限公司、贵阳高峰石油机械有限公司、中国航空科技工业股份有限公司、中国振华电子集团有限公司等一批装备制造企业，全省装备制造业呈现"量效齐增，集聚发展，基础夯实"的发展态势。除此之外，贵州省拥有良好的自然环境，在整个发展过程中也没有破坏生态环境，严格贯彻习近平提出的"绿水青山就是金山银山"[①]的理念。近些年，贵州省交通系统得到了巨大的发展，截止到 2019 年，贵州省高速公路通车里程突破 7000 千米，使贵州省成为公路里程全国第四、综合密度全国第一的省份；全省民航旅客吞吐量突破 3000 万人次；成贵高铁建成通车……这些巩固了贵州省交通枢纽地位，彻底改变了贵州省区位劣势的状况，降低了交通成本。在时机成熟的今天，我们看到贵州省加足了活力向前冲，近几年流行的"贵漂"更是对贵州省的肯定，那么在这样的大环境下贵州省该如何利用自身的优势来提高装备制造业的质量竞争力，打造属于贵州省自己的产业文化是研究的关键所在。

4.2　参　数　设　置

在第 3 章所建立的评价指标体系的基础上，运用熵权法，结合贵州省装备制造企业的实际情况确定相应指标的权重，为后续利用系统动力学进行仿真分析奠定基础。

以贵州省较具代表性的装备制造业进行实地调研并收集数据，根据图 3-2 影响因素关联图，结合专家意见和数据收集情况，利用熵权法确定质量竞争力系统影响因素的权重，即 $C_1=0.32$，$C_2=0.25$，$C_3=0.17$，$C_4=0.26$（C_1 为生产水平的权重，C_2 为创新能力的权重，C_3 为管理能力的权重，C_4 为可持续发展的权重），熵权法是一种客观赋权的方法，可以降低主观性，并对多个指标进行评价分析，为后续的仿真提供了支撑。

同理，分别建立生产水平系统中的员工技能、及时交货、物料供应、

[①] 《习近平：决胜全面建成小康社会　夺取新时代中国特色社会主义伟大胜利——在中国共产党第十九次全国代表大会上的报告》，https://www.gov.cn/zhuanti/2017-10/27/content_5234876.htm[2022-06-13]。

过程控制、设备运作、生产环境的权重 C_{1-1}、C_{1-2}、C_{1-3}、C_{1-4}、C_{1-5}、C_{1-6}，创新能力系统中的创新投入、企业设备水平、产学研合作、创新利润的权重 C_{2-1}、C_{2-2}、C_{2-3}、C_{2-4}，管理能力系统中的人力资源、教育培训、信息系统、质量文化的权重 C_{3-1}、C_{3-2}、C_{3-3}、C_{3-4}，可持续发展系统中的资源消耗、环境影响、考核评价、企业环保意识、相关产业支持、物流运输的权重 C_{4-1}、C_{4-2}、C_{4-3}、C_{4-4}、C_{4-5}、C_{4-6}。

根据贵州省装备制造企业的实际情况，参考第 2 章，利用熵权法，并加以修正，把各评价水平按等级评分，由差到好分布在 0～100。采取专家打分法，确定各子因素的水平分数及其权重，再求各水平的加权平均值。例如，生产水平=1/6×（员工技能×权重 1 + 及时交货×权重 2 + 物料供应×权重 3 + 过程控制×权重 4 + 设备运作×权重 5 + 生产环境×权重 6）。

各个阶段的具体分段如表 4-3 所示，通过实地调研、专家打分以及熵权法确定了生产水平、创新能力、管理能力以及可持续发展能力的初始值为 86.16、84.51、81.41 及 84.06。

表 4-3　水平变量的等级划分表

非常好	好	较好	尚可	较差	差	很差
90～100	80～89	70～79	60～69	50～59	40～49	0～39

通过以上的分析，确定了各个参数的初始值，如表 4-4 所示。

表 4-4　参数初始值赋值表

变量	代码	参数确定方法	初始值
水平变量	SP1	加权平均	86.16
	SP2	加权平均	84.51
	SP3	加权平均	81.41
	SP4	加权平均	84.06
辅助变量	CJ1	熵权法	0.320
	CJ2	熵权法	0.250
	CJ3	熵权法	0.170
	CJ4	熵权法	0.260
常量	TB1	专家打分	0.285
	TB2	专家打分	0.284
	TB3	专家打分	0.242
	TB4	专家打分	0.189
	TR1 to A11	由企业实际情况及专家打分法确定	0.677

续表

变量	代码	参数确定方法	初始值
	TR1 to A12	由企业实际情况及专家打分法确定	0.685
	TR1 to A13	由企业实际情况及专家打分法确定	0.682
	TR1 to A14	由企业实际情况及专家打分法确定	0.721
	TR1 to A15	由企业实际情况及专家打分法确定	0.697
	TR1 to A16	由企业实际情况及专家打分法确定	0.694
	SP3 to A11	由企业实际情况及专家打分法确定	0.458
	A14 to A16	由企业实际情况及专家打分法确定	0.402
	A11 to A12	由企业实际情况及专家打分法确定	0.498
	A14 to A13	由企业实际情况及专家打分法确定	0.455
	M21 to A21	由企业实际情况及专家打分法确定	0.428
常量	A21 to A22	由企业实际情况及专家打分法确定	0.432
	A23 to A22	由企业实际情况及专家打分法确定	0.378
	M22 to A23	由企业实际情况及专家打分法确定	0.427
	M31 to A31	由企业实际情况及专家打分法确定	0.370
	A31 to A32	由企业实际情况及专家打分法确定	0.490
	M31 to A34	由企业实际情况及专家打分法确定	0.352
	A44 to A41	由企业实际情况及专家打分法确定	0.498
	A41 to A42	由企业实际情况及专家打分法确定	0.466
	A44 to A42	由企业实际情况及专家打分法确定	0.413
	M22 to A44	由企业实际情况及专家打分法确定	0.389
	A45 to A46	由企业实际情况及专家打分法确定	0.370

4.3　仿真及结果分析

本章在 Vensim PLE 软件平台的基础上进行模拟仿真，根据前序分析，定义了相关参数并构建方程，结合贵州省的实际情况，设定仿真的时间为 30 年，步长为 1 年，目标值为 100。

4.3.1　系统模拟仿真

1. 各影响因素的影响程度及发展趋势

在各个影响因素的投入转换率为 0.01 的情况下，对模型进行仿真模拟，得出质量竞争力水平的变化趋势图，以及各影响因素水平的发展趋势。在设定的初始条件下，质量竞争力在第 29 年左右达到目标值。可见，提升质量竞争力水平需要长期运作。同时，也可以观测到系统中各影响因素水平的发展趋势，如图4-3和图4-4所示。

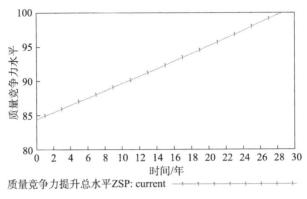

图 4-3 质量竞争力水平变化趋势

current 表示当前状态

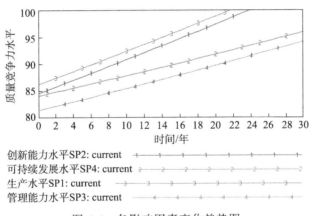

图 4-4 各影响因素变化趋势图

2. 不同投入转换率下的仿真运行

以生产水平系统为例，若提高生产水平的投入，调整不同的投入比，仿真生产水平子系统的提升效果运行情况，依次将生产水平子系统的员工技能、及时交货、物料供应、设备运作、过程控制以及生产环境增加至 0.05，调整后的方案如表 4-5 所示。

表 4-5 不同投入转换率的调整方案

顺序	方案	调整内容
0	current1	各因子转换率不变

续表

顺序	方案	调整内容
1	current2	员工技能因子转换率增加至 0.05
2	current3	及时交货因子转换率增加至 0.05
3	current4	物料供应因子转换率增加至 0.05
4	current5	设备运作因子转换率增加至 0.05
5	current6	过程控制因子转换率增加至 0.05
6	current7	生产环境因子转换率增加至 0.05

根据以上调整方案，再次对系统进行仿真，结果如图 4-5 所示。

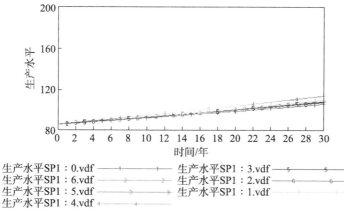

图 4-5　调整后的变化情况

通过图 4-5 中的数据，可以得出生产水平系统中这个因子的实际作用率。其中 0.vdf～6.vdf 分别表示生产水平、员工技能、及时交货、物料供应、设备运作、过程控制以及生产环境增加至 0.05 之后的仿真情况。运行软件得出各个子因素的数值变化情况，如表 4-6 所示。

表 4-6　子因素变化情况

项目	年数						
	0	1	2	3	4	5	6
"生产水平 SP1" Runs	0.vdf	6.vdf	5.vdf	4.vdf	3.vdf	2.vdf	1.vdf
生产水平 SP1	86.16	86.7580	87.3596	87.9648	88.5737	89.1861	89.8023
6.vdf	86.16	86.8139	87.4718	88.1339	88.8000	89.4703	90.1447
5.vdf	86.16	86.8338	87.5118	88.1941	88.8807	89.5716	90.2668
4.vdf	86.16	86.9961	87.8380	88.6858	89.5393	90.3987	91.2641
3.vdf	86.16	86.8218	87.4877	88.1578	88.8320	89.5104	90.1931
2.vdf	86.16	86.8068	87.4577	88.1125	88.7714	89.4344	90.1014
1.vdf	86.16	86.8737	87.5920	88.3149	89.0424	89.7746	90.5115

项目	年数						
	7	8	9	10	11	12	13
"生产水平 SP1" Runs				0.vdf	6.vdf	5.vdf	4.vdf
生产水平 SP1	90.4221	91.0456	91.6729	92.3039	92.9386	93.5772	94.2195
6.vdf	90.8233	91.5061	92.1931	92.8843	93.5798	94.2797	94.9838
5.vdf	90.9664	91.6703	92.3787	93.0915	93.8087	94.5304	95.2567
4.vdf	92.1354	93.0126	93.8959	94.7853	95.6808	96.5824	97.4902
3.vdf	90.8800	91.5711	92.2666	92.9664	93.6705	94.3790	95.0918
2.vdf	90.7726	91.4479	92.1273	92.8109	93.4988	94.1908	94.8871
1.vdf	91.2532	91.9996	92.7507	93.5067	94.2675	95.0332	95.8038

项目	年数					
	14	15	16	17	18	19
"生产水平 SP1" Runs	3.vdf	2.vdf	1.vdf			
生产水平 SP1	94.8657	95.5157	96.1696	96.8274	97.4890	98.1547
6.vdf	95.6923	96.4051	97.1223	97.8440	98.5701	99.3006
5.vdf	95.9874	96.7227	97.4626	98.2071	98.9563	99.7101
4.vdf	98.4042	99.3245	100.2510	101.1840	102.1230	103.0690
3.vdf	95.8091	96.5309	97.2571	97.9878	98.7230	99.4627
2.vdf	95.5877	96.2926	97.0018	97.7153	98.4333	99.1556
1.vdf	96.5794	97.3598	98.1453	98.9358	99.7313	100.5320

4.3.2 仿真结果分析

通过以上分析，可以归纳如下。

（1）从图 4-3 可以看出，随着仿真时间的增加，质量竞争力水平在逐渐提升，在第 29 年左右达到 100，结果表明系统的整体提升需要持续的投入。

（2）从图 4-4 可以看出，各个影响因素中，初始值越高的，增加相应的投入后，达到期望值所需的时间就越短，对于质量竞争力系统来说，生产水平曲线最先达到最大值，对整个系统的影响作用最大。

（3）从图 4-5 可以得出，在保持其他因素的投入转换率不变的情况下，改变某个因素的投入转换率会对该系统产生影响，且增加投入转换率可以增加该系统的得分水平，由此可以看出，该系统中的各个因素对系统的整体效果都起到促进作用，且该作用的大小随着投入转换率的不同而不同。

（4）通过以上结果还可以算出各个因素的实际作用率，实际作用率能够相对准确地描述出各个因素的影响水平，首先计算出原始质量竞争力水平的平均值，即计算 current 的平均值 96.212，其次用 1.vdf 中每年的质量竞争力数值减去 current 中的情况得到每年的质量竞争力水平值，接下来取平均值得到 3.1522，求得两个平均值的比值为 0.0328，即反映了员工技能水平的增加率增长最大时对生产水平系统的实际影响程度。同理，可以计算出及时交货、物料供应、过程控制、设备运作以及生产环境对生产水平的实际作用率，分别为 0.0130、0.0121、0.0033、0.0033、0.0021。结合通过熵权法确定的权重，可以得出各影响因素对生产水平的影响程度由大到小依次为员工技能、过程控制、设备运作、生产环境、及时交货、物料供应。

（5）从以上结果中可以看出，对于贵州省装备制造业来说，生产水平是重要的影响因素，对于质量竞争力的提升起到关键的作用，其次是创新能力、可持续发展、管理能力。对于生产水平的提升，应该首先关注对员工技能的培养，可以开展技能培训、技能大赛等活动，其次是生产环境的改善，在实际调研中发现部分企业对生产现场的管理并不妥善，在物料的摆放和现场的噪声控制等方面还做得不够好。企业应该引入先进的生产现场管理方法，如 6S 现场管理法等，培养一线生产员工的 6S 意识，监督员工对生产现场进行维护，除此之外，设备的运作效率、物料供应的及时程度以及及时交货的控制水平等都是管理者需要考虑的因素。在投入方面，也应该根据各个因素的实际作用率进行投入，确保资源的合理分配和利用。

4.4　本 章 小 结

本章内容归纳如下。

（1）本章介绍了贵州省装备制造业的历史沿革以及概况，结合系统动力学的运用特点及范围，设计了基于系统动力学的贵州省装备制造业质量竞争力评价步骤。

（2）本章基于质量竞争力评价指标体系，从生产水平、创新能力、管理能力、可持续发展等关键指标出发，分析了各个指标之间的关系，结合实地调研和问卷结果，确定了质量竞争力评价系统动力学模型的相关参数及变量方程。

（3）本章运用所建立的质量竞争力评价模型，从生产水平、创新能力等几个方面对贵州省装备制造业的质量竞争力情况进行评价，并在此基础上对仿真结果进行分析，得到了因素的实际作用率。

第三篇

装备制造企业质量竞争力提升路径研究

第 5 章

质量竞争力影响因素及作用机理理论模型

5.1 质量竞争力影响因素研究

在前文研究的基础上，我们结合系统的思想分析了质量竞争力的关键影响因素，对于贵州省装备制造业来说，生产水平是重要的影响因素，对质量竞争力的提升起到关键的作用，其次是创新能力、可持续发展、管理能力。进一步研究发现在生产能力的影响因素中，员工技能占了至关重要的地位，从这一点可以看出，在提升质量竞争力的过程中人的作用是不可忽视的。因此，为了深入探索质量竞争力的影响因素之间的作用机理以及提升路径，接下来的研究基于人因工程的视角，进一步修订了质量竞争力的影响因素集，再次探索影响因子与人–生产过程交互对质量竞争力的提升路径影响分析。

5.1.1 质量竞争力影响因素集初选

1. 指标选取原则

由于研究对象具有差异性，对于不同的研究对象选出的影响因素也千差万别，因此需要遵循科学方法筛选质量竞争力影响因素，通过相关理论分析，总结出遴选质量竞争力影响因素的原则如下：系统性原则、动态性原则、独特性原则、科学性原则以及可操作性原则。

（1）系统性原则。质量竞争力由多个子系统组成，包含人力资源管理系统、资源设施系统、生产加工系统、后期维护系统等。在各个子系统中，各系统要素彼此制约、相互协调，实现整体最优。任何系统或单一指标都无法准确地测量质量竞争力的大小，在选取各系统过程中，要明确它们内部之间的逻辑关系，是否能够全面、系统地反映出质量竞争力。

（2）动态性原则。质量竞争力受到企业内外部诸多因素影响，比如，市场结构调整、顾客需求变化、社会政策发展、竞争对手等都会对质量竞争力产生影响。人们对质量竞争力的认识从"符合性质量"向"卓越质量"转变，这个过程伴随着时间、环境和市场的不断变化，企业对自身产品或服务也不断进行调整。

（3）独特性原则。质量竞争力汲取了竞争力理论和质量管理理论的主要研究精髓，竞争力体现出"独特"特点，质量管理传递"适配"理念，质量竞争力一方面以质量管理融合企业为目标，另一方面以与企业竞争对手形成质量差异为路线，其中最为突出的是企业之间核心技术与能力差异。另外，不同企业不同的战略路线最终孕育出的质量竞争力也不相同。

（4）科学性原则。本章采用定性与定量相结合的方式，首先，选取的指标要能够客观、真实地反映出质量竞争力的特点，并且可以准确地描述出问题内容；其次，采用科学、准确的计算方法测量相关指标数据。

（5）可操作性原则。测量指标应符合人因工程、企业管理理论，具备易得、便于操作的特点。依据理论和实际生产构建系统模型，在实际生产过程中，往往很难收集到所有的测量指标，因此，在指标选取时一方面应基于数据的可得性，另一方面必须结合调研对象自身的特点，选择代表性强且普遍认可的指标，提高可行性。

2. 质量竞争力影响因素集

本章从两个方面探索质量竞争力相关因素。一方面，梳理与质量竞争力相关的基础研究，主要包括质量管理和竞争力相关理论，汇总因素集和问卷测量指标；另一方面，结合实地调研访问、观察和记录，并从人因工程–人因可靠性出发，重新描述质量竞争力的影响因素。

质量管理已有百年历史，然而质量竞争力作为20世纪90年代的产物，其犹如一个新生儿正在茁壮成长。质量管理是研究企业质量竞争力的基础环节，也是必要环节，只有明确企业质量管理运行机制，才能找出企业当前质量的"病症"，更好地进行改善，对症下药。目前，大多数学者研究质量管理主要集中在企业绩效方面（如缺陷率下降，生产流程改善等），一部分学者把质量竞争力视为质量绩效的一种表现。Wilkinson（威尔金森）将质量管理归为两个维度，即质量管理硬性要素和质量管理软性要素，参照Wilkinson 提出的质量管理实现企业绩效工作模型和影响要素，本章把质量管理视为质量竞争力基础影响因素，并从质量资源（R）和质量环境（E）两个维度对质量管理进行分析。本章从作者、研究目标、模型、主要影响指标与研究结果四个方面对质量管理进行简要整理，具体如表5-1所示。

表 5-1　主要质量环境要素与质量资源要素的研究

作者	研究目标	模型	主要影响指标与研究结果
Flynn 等 （1995）	探究质量环境和质量资源对企业竞争力的影响	$E \xrightarrow{*} R \xrightarrow{*} P$	质量环境要素（管理者支持、员工工作态度、供应商关系、员工管理）对质量资源要素（生产过程设计、信息控制、生产流程管理）有直接影响；并且质量资源要素对企业竞争力有显著促进作用
Powell （1995）	全面质量管理对企业战略管理和企业绩效的影响	$R \xrightarrow{*} P,\ E \xrightarrow{*} P$	质量环境要素（质量培训、员工赋权、供应商参与、质量标杆、组织环境、质量理念）与质量资源（质量检测、流程优化、质量技术）对企业竞争力有直接促进作用
Rahman 和 Bullock （2005）	研究质量环境要素与质量资源要素对企业绩效的影响	$E \xrightarrow{*} R \xrightarrow{*} P$	质量环境要素（员工管理、组织团队、组织培训、企业规划、与供应商关系）对质量资源要素（计算机技术应用、准时制生产、生产技术使用）有促进作用，质量资源要素对企业绩效起促进作用，质量环境要素通过质量资源要素对企业绩效起到促进作用
Naor 等 （2010）	研究质量文化在企业生产过程中（基础生产资源和核心生产资源）的重要地位	$E \xrightarrow{*} R \xrightarrow{*} P$	企业绩效由核心生产资源和质量环境两个模块组成，其中核心生产资源对企业绩效有促进作用，组织文化通过核心生产资源对企业绩效有促进作用
Jung 和 Hong （2008）	探讨组织文化（组织公民行为）、质量全面管理实践与组织绩效之间的关系	$E \xrightarrow{*} P,\ R \rightarrow P$	企业的软性要素（领导力、员工管理和顾客关注）对企业绩效有促进作用，然而企业的硬性要素（企业规划、生产过程控制、质量信息分析）对企业绩效没有显著影响
Zu （2009）	旨在分析质量管理过程中不同质量管理方式的实践（特别是基础设施质量管理实践和核心质量管理实践）对企业质量的影响	$E \xrightarrow{*} R \xrightarrow{*} P$	基础质量管理要素包括最高管理层决策、客户关系、供应商关系和劳动力管理；核心质量管理要素包括质量信息、产品/服务设计和流程管理。其中核心质量管理要素对质量有直接促进作用，基础质量管理要素通过核心质量管理要素对质量起到促进作用
Dubey 和 Singh （2013）	通过可持续性软维度使全面质量管理实施在组织中有效	$E \xrightarrow{*} R \xrightarrow{*} P$	分析了质量全面管理软环境的八个层面，具体包括组织培训、组织允诺、质量文化等，软环境有助于质量硬性要素的成功实施部署，直接促进企业可持续性竞争优势发展
Zeng 等 （2015）	探究硬/软质量管理要素对企业质量绩效和创新绩效的影响	$E \xrightarrow{*} R \xrightarrow{*} P$	硬性质量要素（过程控制和质量信息）通过软性质量要素（团队合作、员工建议和员工培训）直接地影响企业质量绩效。软性质量要素通过对硬性质量要素的影响对创新绩效产生间接影响
Cho 等 （2017）	探究以技术为导向的质量管理在以行为为导向的质量物理环境下与企业绩效的关系	$R \xrightarrow{*} E \xrightarrow{*} P,\ R \rightarrow P$	以技术为导向的质量要素包括组织规划、过程控制、质量标杆和质量信息，以行为为导向的质量要素包括管理允诺、员工参与、顾客参与和供应商参与。其中以技术为导向的质量要素对企业绩效没有直接影响，只有通过以行为为导向的质量要素对企业绩效起促进作用

资料来源：根据相关文献整理所得

注：R 表示质量资源；E 表示质量环境；P 表示质量绩效；*表示显著性

如表 5-1 所示，质量资源和质量环境与质量绩效存在三种关系，因此质量管理的资源和环境要素遵循各自的规律。企业的质量管理要满足生产过程的需求，能够支撑生产的全过程，如参与主体（员工）、生产工具、加工方法、生产物料以及资金支撑，基本要素满足后，并不代表企业质量竞争力要素已经完备，只意味着企业质量竞争力已具备雏形。质量竞争力雏形还需要在特定的环境下"孵化"，质量物理环境（温度、光线、噪声等）作为基础生产环境，企业文化环境（质量文化、激励机制和沟通机制等）作为高级刺激环境，质量资源要素和质量环境要素合理配置和彼此融合，促使质量竞争力"羽翼丰满"。质量竞争力继承了质量管理的核心特性，本章从质量竞争力的质量资源和质量环境两个维度分析，进一步将资源维度按属性特征分为员工方面、设施方面、物料方面、技术方面，将环境维度按属性特征分为物理环境、质量文化、激励机制、沟通机制，整理初始影响因素集一级模块［图 5-1（a）］和二级模块［图 5-1（b）］。

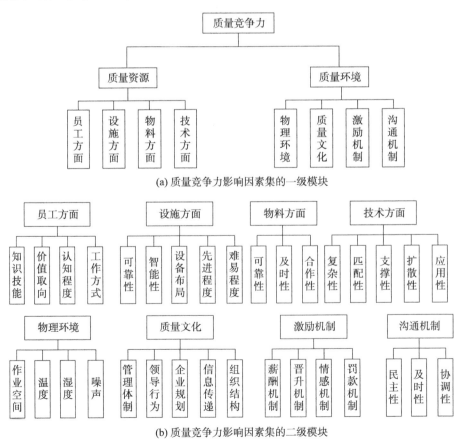

(a) 质量竞争力影响因素集的一级模块

(b) 质量竞争力影响因素集的二级模块

图 5-1　质量竞争力影响因素集

　　为保障根据理论建立的模块与企业实际生产相符，以及具备可操作性，我们设计了一套质量竞争力因素开放式调查问卷，采用个体访谈和现场观察的方法对贵州省若干家装备制造企业质量部门和现场加工生产进行了调研，此次调研对象主要是质量部门高层、中层和基层管理工作者。开放式调查问卷有两个优势：第一，通过开放式问卷和现场观察收集企业质量相关信息；第二，征询企业中高层管理人员对质量竞争力初始问卷中的问题描述方式是否清晰、理解，以及影响因素的选取是否全面的意见，方便对初始问卷进行修正。本次调研对技术部门、环保部门、采购部门、生产计划部门若干人员等进行独立访谈，现场观察与访谈过程中都以质量竞争力影响因素为核心进行。访谈和生产现场观察具体情况如表 5-2 所示。

表 5-2　企业调研现场观察与个体访谈

流程	调研方式与调研内容
现场观察	在工作人员的带领下，在生产加工现场观察生产环境（设施布局、器械安放等）、员工在生产加工过程中的操作熟练程度和工作态度、温度、噪声等其他干扰因素等
个体访谈	在企业安排的地点，对被调研部门相关工作人员 5～6 人进行独立访谈和记录，这种访谈方式有以下优势：一是被采访的工作人员不会受其他观点的影响，更真实地表述自己观点；二是能够扩展因素样本集，不同岗位、不同工龄的工作人员对质量问题的认识存在差异。访谈内容主要包括两个部分。 （1）询问工作人员企业执行质量管理的力度和取得的效果，企业质量体系的构建，参与质量管理实施的个人感受，哪些因素可以影响到质量实施的最终绩效，不同部门决策是否对于质量竞争力产生影响，影响程度如何。 （2）征询工作人员对初始问卷问题描述方式和因素范围的意见。这样做一方面是用来了解被测对象对问题表述的认识度；另一方面是为了咨询预研究的因素是否符合实际生产情况，以及检查是否有其他遗漏因素

　　对个体访谈和现场观察结果从以下四个方面进行归纳。①质量竞争力的影响因素主要包括员工素养、质量信息系统合理性、部门之间沟通与协调、质量信息传递、管理规范性、工作环境舒适性、原材料质量、生产过程控制能力等。②质量管理被普遍认为是影响质量竞争力的核心成分，例如，机械制造业进行了部分流程更换，如果缺乏质量管理经验，就会引起生产计划改变，严重影响产品质量；奖惩制度并未能达到预期，反而降低了生产人员的工作积极性；员工的工作态度、与工作无关的杂事也会潜移默化地影响质量竞争力。③质量物理环境并不是质量竞争力的主要影响因素。④一部分企业反映质量目标与自身能力不协调，虽然知道培训的重要

性，但在实际生产过程中却很少开展培训，导致员工的质量素质能力得不到提高，阻碍了质量管理实施效果。

从访谈结果得知，被访者对初始问卷中各指标的表述方式基本能够理解，对问卷中设计的影响指标表示认可，但部分因素对质量竞争力的影响程度是有差异的。除初始问卷中的指标外，我们还收集到一些额外影响因素，如工作中的干扰、工作任务的反馈等因素。我们把不容易理解和遗漏的部分做了记录，为最后正式问卷做好准备。根据实际访谈做出的部分调整如图 5-2 所示。

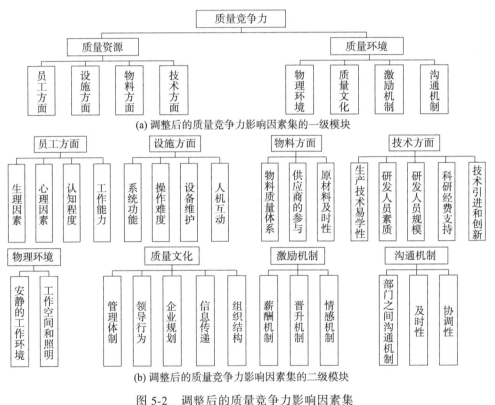

(a) 调整后的质量竞争力影响因素集的一级模块

(b) 调整后的质量竞争力影响因素集的二级模块

图 5-2   调整后的质量竞争力影响因素集

5.1.2   质量竞争力影响因素集修订

根据文献归纳，结合调研访谈总结和修改，并多次征求质量竞争力研究领域专家和企业质量管理部门领导的建议，反复修正质量竞争力影响因素集，最终整理出由定量指标构成的质量竞争力影响因素集，如表 5-3 所示。

表 5-3　质量竞争力影响因素初始集合

一级因素	二级因素	一级因素	二级因素	一级因素	二级因素
员工因素	技术水平 学习意愿 信息分享 工作满意度 实现自我价值	物料因素	与供应商建立合作 供应商参与产品设计 供应商引进新技术 原料质量测评体系 供应商参与质量培训	质量环境因素	质量理念日常化 明确质量战略规划 鼓励员工提出建议 晋升激励机制 企业开展质量组会 工作中杂事干扰 生产过程产生的噪声 员工操作台的舒适性 温度、光线、湿度
设施因素	生产设备的性能先进 生产设备的可靠性 生产设备洁净化生产 设备布局配置	技术因素	研发人员的占比 研发人员的素质 独特生产技术和工艺 工艺流程持续改进升级 研究经费的投入		

5.2　影响因素与质量竞争力关系模型

质量竞争力是由多个子模块相互作用形成的复杂系统，参与者根据生产任务确定生产质量目标，采取标准的生产技术，搭配生产系统各要素，实现资源均衡分配，从而达到系统生产能力最优目的。结合企业生产现状，绘制出质量竞争力影响因素交互工作系统模型图，如图 5-3 所示。

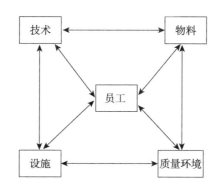

图 5-3　人–生产过程交互工作系统模型图

5.2.1　员工因素

人–生产过程交互过程中，人作为生产过程的主体处于主导地位。由于个体存在差异，诸如应对工作压力的工作态度、疲劳、可靠性等特征因素也会有不同的表现。在质量竞争力形成过程中，各种环境因素对员工生理和心理上产生影响，个体间采取的应对措施也有所差异（如工作态度、临时决策等），这种差异最终会转换到产品的最终形态上。

在质量竞争力形成过程中，员工需要不断地获取产品生产质量的信息，通过筛选、过滤、重组相关信息完成任务。在生产任务过程中，员工的工作动机和工作态度会受到各方面的影响，比如，工作的趣味性、强度负荷、作业环境等都可能成为影响员工的因素。同样，人的心理状态和生理表现也与人-生产过程交互密切相关，比如，工龄、抗压能力、动手能力等成为人-生产过程交互效率的显性影响因子。另外，员工之间的认知能力、学习能力、判断能力等方面存在差异，不同个体在生产任务过程中表现的状态也不相同，这成为人-生产过程交互的可协调环节。依据调研访谈、现场观察和文献归纳，本章分别从技术水平、学习意愿、信息分享、工作满意度、实现自我价值五个方面测量员工因素。

5.2.2　设施因素

生产设施作为完成任务的必要工具，扮演着不可替代的角色。现阶段，我国装备制造业逐步向完全器械化生产迈进，设备的功能、质量、操作难易以及生产过程中的环境等直接或间接地对产品质量造成影响。完成一项生产任务需要通过劳动生产者与生产设施、劳动生产者之间以及生产设施之间进行源源不断的信息交换，任意环节产生的产品质量信息都需要得到及时的处理和反馈。大多数企业除了通过升级硬件生产设施外，还定制配套的软件系统，软、硬件组合的方式高效地实现了信息采集和信息处理，缩短了传统的人工处理时间，达到了全天实时监管效果。日本丰田汽车公司完美运用这种方式，实现了全球首家实施全过程完全自动化生产模式，产品质量和生产效率上都得到了显著提升。随着工业技术的推动，工业大数据、工业物联网等一系列生产技术逐步兴起，智能化将在未来企业中得到普及。尽管生产技术得到了飞快的发展，但与技术相匹配的人才却供不应求。一方面，需要生产设施具有容错能力；另一方面，也要求操作人员具备相应的专业知识，只有相互匹配才能实现有效生产。同时，生产设施布局也是影响人机高效作业的一个潜在指标，合理的生产设施布局可减少资源浪费，提升企业生产能力，不合理的生产设施布局会增加资源的浪费，也不能提供良好的人机作业环境。此外，生产设施的维护也逐渐引起领导层的高度重视，质量周、质量月定期执行，以便及时发现并维修机器的缺陷与故障，降低产品缺陷率。

5.2.3　物料因素

原材料对于产品质量而言至关重要，是产品质量的保障，物料的优劣直接决定着产品质量的好坏。原材料是产品质量形成的源头，控制好原材料质量就相当于打好了质量"第一枪"，为保证产品质量达到标准，首先从原料抓起。在 2018 年，由四部门印发的《原材料工业质量提升三年行动方案（2018—2020 年）》中明确指出，原材料工业是国民经济的基础和支柱产业，其发展水平直接影响着制造业发展的质量和效益。Fynes 等（2005）认为原材料作为产品质量依赖的基础，物料管理成为产品质量重要环节。物料管理可以分为入库管理、贮存管理和发放管理三个不同阶段，实现入库源头清，贮存无损坏，发放无错误，源头清、去向明是质量管理目标，本章对物料管理的研究主要集中在物料入库管理阶段。

从物料入库开始就要严格把控产品质量，企业根据自身生产加工方式制定相关的原料采购标准和采购策略。大多数制造企业在这个环节通常有标准的采购流程，如企业招标、比价采购、议价采购等方式，依据 ISO9001 标准，综合考虑原料质量、成本、废物排放以及废物再利用等指标筛选出符合条件的供应商。大多数企业为降低原材料质量风险，制订了从多家供应商采购的方案。但是特定原料还是依赖指定的供应商。此外，企业与供应商建立长久的合作伙伴关系，共同参加企业的质量培训、产品设计等活动，确保产品原料来源可靠，也可以应对市场需求，及时地对物料进行调整。

5.2.4　技术因素

技术作为企业独特的、稀缺的、重要的资源，会引发企业一系列有意义的改变。技术能力能够影响产品开发、产品设计到批量生产整个过程，不但可以降低生产成本，而且可以降低产品返修等损失，确保产品的合格率达标。技术因素是技术的基本组成部分，是知识、方法和思想的整合，工艺、信息等构成了技术内部的结构。技术能够促进企业提高生产能力、提升生产设施水平、优化加工工艺和提高劳动生产者素质等。技术作为质量竞争力的核心因素，其在产品功能、生产方式、工艺设计等方面的改变，都会为产品带来新的体验，为企业添加新的竞争优势。同时，技术降低贸易壁垒，促进了企业之间合作与竞争，提高了企业柔性，使企业能更加灵活地应对外部难以预测的市场环境。

技术也会改变劳动生产者的认知与行为，工艺设计和生产方式的难易程度都对操作者自身提出了挑战。企业对技术发展的支持也凸显了自身变革的力度，加大研发费用的投入、吸引人才的入驻、扩大经营市场等成为企业发展技术的有效途径。本章在探讨技术与质量竞争力的关系时，从技术与生产过程匹配的角度出发，研究操作者与生产技术的关系，并借助装备制造企业技术实际发展状况进行相关分析。

5.2.5 质量环境因素

质量环境是质量竞争力形成的保障，作为一只看不见的手，质量环境的优劣影响着企业质量竞争力变化趋势。质量环境主要包括质量物理环境（如工作空间的温度、湿度、噪声等）、质量文化环境（如领导支持、质量意识、质量规划、质量理念等）、组织沟通协调、企业激励制度等。

质量物理环境对质量竞争力的影响与生产任务性质息息相关，不同任务的生产方式依赖的工作环境可能会存在区别。比如，劳动密集型企业和机器化生产的企业对温度、照明的要求是不相同的。生产加工过程中的温度、照明对产品质量有一定的影响，温度太高会造成员工警觉水平降低，太强的照明则会对员工视敏度降低，对员工生理、心理产生干扰，影响员工质量信息获取和质量信息加工能力，出现产品质量偏差。因此，工作质量物理环境应控制在适宜的范围内。

企业的质量文化环境和相关制度既是保证日常生产活动顺利实施的隐性因素，也是质量竞争力形成的坚实外壳。现实生产活动中，员工暴露在组织环境下进行生产活动，有诸多环境因素刺激着员工的生产行为和生产动机。传统上环境因素包含企业环境和社会环境两个成分，由于企业内部不易量化社会环境指标，也无法准确反映企业内部环境特点，因此本章只选取企业内部环境作为研究对象。在对质量竞争力的研究的基础上，将质量文化环境因素细分为领导支持、质量规划、质量理念和质量意识四个方面。由访谈得知，激励机制是影响员工工作动机和工作态度的主要因素，结合调研反馈本书将激励机制再细分为薪酬激励、晋升激励和情感激励三个方面。

5.3　人–生产过程交互模型

5.3.1　人–生产过程交互现状分析

　　在生产过程中，劳动对象运用生产技术操作生产工具对物料因素进行加工，同时给生产活动注入动力（能源），以实现预期目的。从人–生产过程角度分析，劳动工作者一般需要在特定的组织氛围和质量物理环境中通过操作工具来完成指定的生产目标。孙志强等（2008）认为在这个生产系统中，操作者、生产设备、生产任务、环境等要素相互反馈共同诱发了人的行为，如图 5-4 所示。Khan（2013）认为生产过程是将原材料转变为产品的桥梁，从物料开始，经过一系列的加工过程，最终生产出成品，这个复杂系统中主要的参与对象有个体、资源（物料、技术、设备）、环境、操作者等生产要素，企业生产要在稳定的环境中进行交互活动，因此需要各要素之间能够协调、有序地生产，对生产过程中各参与对象进行计划、组织、指挥、协调、控制等一系列的管理活动。在使用生产设备和技术过程中，本质上存在双向反馈的联系，劳动生产者不仅能得到有形产品，还可以获取生产器械反馈的信息，依据信息进行生产调整，达到最优生产成效，如图 5-4 所示。

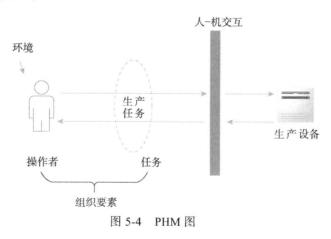

图 5-4　PHM 图

5.3.2　人–生产过程交互要素分析

　　PHM 用来研究员工与生产过程的匹配程度，根据个体特征–工作适应性理论，PHM 包括了生产过程中的负荷、专业性、柔性与个体的特质、认知水平的匹配程度。从员工认知角度来看,生产劳动对象对生产任务的认知能力,以及结合生产资源(R)对生产过程进行跟踪、排查、处理的能力决定着产品质量的高低。因此,PHM 主要用来研究个体在生产过程中表现出的认知能力、解决问题能力、自身工作能力与工作难度和工作负荷相匹配的程度。

5.3.3 人–生产过程的关系模型

结合上述 PHM 的交互要素分析,本章设计出人–生产过程交互的概念模型,即生产过程的难度和工作负荷与劳动参与者的工作能力(应变能力、处理能力、理解能力等)、认知能力的匹配情况,如图 5-5 所示。第一象限的各点表明对应的元素存在匹配关系,比如点 f_{22} 表明人的工作能力与生产过程中的工作负荷存在潜在匹配关系。在生产过程中,工作负荷和工作难度与员工的工作能力和认知能力相互匹配时,生产过程与人交互系统才能实现最优。

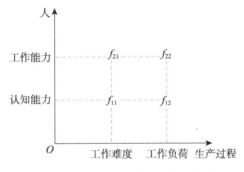

图 5-5 人–生产过程交互概念模型

5.4 人–生产过程交互对质量竞争力的影响

个体在生产任务中不可避免地同其他人沟通和协作等,这就需要进行科学有效的管理。结合上述的 PHM,可以看出,企业提升质量竞争力需要同时满足两个条件:①参与主体与生产过程交互;②在良好、稳定的质量环境中,员工、设施、物料和技术因素之间相互匹配,质量环境主要包括质量物理环境、质量文化环境、组织沟通协调、企业激励制度。这也表明,匹配效果的显著不仅取决于个体与生产过程的彼此匹配程度,还取决于匹配环境的优劣。如果用 QCI 代表企业质量环境下质量竞争力,用 E 代表匹配环境,用 HP 代表个体与生产过程的匹配函数,则根据全局理论,质量竞争力应满足 Opt QCI=QCI（E，HP）（Opt 表示优化的），即在良好的交互环境下实现生产过程与个体之间的合理匹配，才会增加企业质量竞争力提升的机会，如图 5-6 所示。

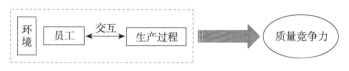

图 5-6   人–生产过程交互与质量竞争力关系

5.5   质量竞争力影响因素及作用路径研究

本章基于质量竞争力系统的动态性、长期性等特点，结合人因工程理论，构建了质量竞争力影响因素及作用路径模型，把员工因素、设施因素、物料因素、技术因素作为自变量，人–生产过程交互作为中介变量，构建质量竞争力系统的内部结构模型。通过上述对员工、设施、物料、技术和质量环境，以及人–生产过程交互对质量竞争力的影响的分析，本章认为员工、设施、物料、技术和质量环境五个层面的因素并不仅仅直接影响质量竞争力，还通过人–生产过程交互间接影响质量竞争力。一般情况下，企业的管理模式、管理体制等在不同时期采取不同的管理措施，因此人–生产过程交互程度除了与本身特质相关外，还与企业质量物理环境相关，如激励措施可以提高员工的工作态度，质量培训可以为参与者提供更多的学习机会，质量行为规范培养了劳动生产者的质量意识。因此，质量环境因素对人–生产过程交互具有双重作用。本章构建质量竞争力影响因素及作用路径的研究模型，如图 5-7 所示。

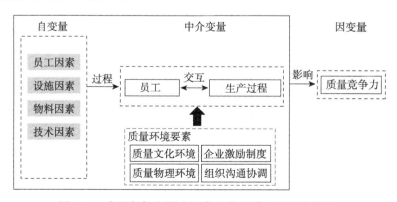

图 5-7   质量竞争力影响因素及作用路径的研究模型

在图 5-7 模型中，①员工因素、设施因素、物料因素、技术因素作为自变量；②人-生产过程交互匹配是影响质量竞争力的中介变量；③质量竞争力是因变量。

5.6 本 章 小 结

本章内容归纳如下。

（1）本章在前序研究的基础上深入探索质量竞争力的影响因素之间的作用机理以及提升路径，基于人因工程的视角，进一步修订了质量竞争力的影响因素集。

（2）本章根据质量竞争力的复杂性，结合企业现状，绘制质量竞争力影响因素交互工作系统模型图。

（3）本章分析人-生产过程交互现状及要素，构建人-生产过程关系模型，并分析人-生产过程交互对质量竞争力的影响。

（4）本章基于质量竞争力系统的动态性、长期性等特点，结合人因工程理论，构建了质量竞争力影响因素及作用路径模型，把员工因素、设施因素、物料因素、技术因素作为自变量，人-生产过程交互作为中介变量，构建质量竞争力系统的内部结构模型。

第 6 章

装备制造企业质量竞争力影响因素提取

6.1　质量竞争力调查问卷设计与数据收集

6.1.1　问卷设计与数据收集

1. 变量测度

本书问卷中所有测量问题采用利克特（Likert）量表，利克特量表是现代调查研究中被普遍采用的一种测量量表，它的基本形式是给出一组陈述，这些陈述都与某人对某个单独事物的态度有关（例如，对某个教学软件教学效果所持的态度）。要求调查对象表明他是强烈赞同、赞同、反对、强烈反对或未决定。当然，根据需要，有时词语可以略有不同（如把赞同改为同意），利克特量表有积极性陈述和消极式陈述两种类型的陈述方式。第一类为积极性陈述，是对所研究的对象持肯定或积极态度，根据同意程度的不同赋予不同的数值。第二类为消极式陈述，则与积极性陈述完全相反。因此，利克特量表有时也称求和量表（summated scales）。常见的利克特量表有 5 级和 7 级两种，本书采用利克特 7 级量表，该表将问题的答案分为 7 个等级，而不是只有好坏两个极端，这样可以得出更加贴切的结果。将每一个问题的选项均用完全不受影响、不受影响、有点不受影响、中立、有点影响、有影响和影响很大作为选择答案，然后用 1~7 分给这些答案赋值，其中完全不受影响为 1 分，影响很大为 7 分。对于质量竞争力量表则采用完全不同意、不同意、部分不同意、中立、部分同意、同意和完全同意作为参考答案，其中，完全不同意为 1 分，完全同意为 7 分。根据图 5-7 质量竞争力影响因素及作用路径的研究模型，本书设计的问卷包含如下内容：员工因素、设施因素、物料因素、技术因素、质量环境因素、人–生产过程交互、质量竞争力，如图 6-1 所示。

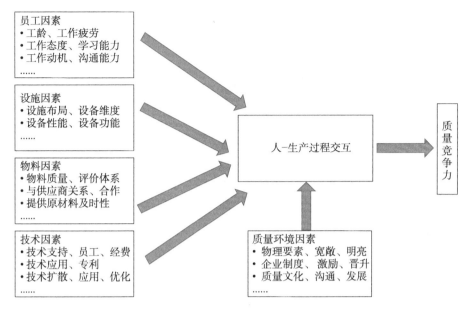

图 6-1　质量竞争力关键影响因素概念模型

2. 质量竞争力影响因素

本章质量竞争力指标主要包括资源要素、质量环境因素、人–生产过程交互和质量竞争力四个一级指标。其中，资源要素由员工因素、设施因素、物料因素和技术因素四个二级指标组成；质量环境因素由物理资源、质量文化、激励制度和沟通协调四个二级指标组成。各指标来源如表 6-1 所示。

表 6-1　质量竞争力指标要素

潜在变量	维度	参考来源
资源要素	员工因素	Mao 和 Xu（2011），Dubey 和 Gunasekaran（2015），杨文彩（2007）
	设施因素	Mao 和 Xu（2011）
	物料因素	Mao 和 Xu（2011），Zu（2009），Dubey 和 Gunasekaran（2015）
	技术因素	Cho 等（2017）
质量环境因素	物理资源	Chen 等（2006），易树平等（2007），杨文彩（2007）
	质量文化	Dubey 和 Gunasekaran（2015）
	激励制度	杨文彩（2007）
	沟通协调	Zeng 等（2015，2017），Cho 等（2017），Fynes 等（2005）
质量竞争力	质量竞争力	Subramani（2004），Kafetzopoulos 和 Gotzamani（2014），Cho 等（2017），Zu（2009）
人–生产过程交互	人–生产过程交互	Prajogo（2005），杨文彩（2007），Juran（1992），Zeng 等（2015，2017），Zu（2009）

3. 数据收集

本章选取贵州省装备制造企业作为调研对象，参与调研的企业包含国有企业、民营企业等，从调研的企业中选取几个具有代表性的企业介绍，如表 6-2 所示。

表 6-2　调研企业简介

序号	企业简介
1	ZY 公司是一家国有企业，主业为设计、生产和销售 3.5 吨级到 50 吨级的履带式液压挖掘机和 8 吨级到 30 吨级的轮胎式液压挖掘机，以及用户需要以挖掘机为基础变形的特殊产品和特殊的军用工程车。该公司生产销售的各型挖掘机广泛服务于油田、城建、港口、道路、机场、农田水利和军事工程领域。ZY 公司拥有三十多年生产液压挖掘机的技术和销售管理经验，是中国率先研制生产液压挖掘机的企业。多年的发展形成了资金、技术、研发和管理等方面的优势，为用户提供具有卓越性价比和良好售后服务的产品。 在制造能力领域里，ZY 公司拥有铸、锻、焊接、金切加工、工模具制造、装配等工艺完善的先进机械制造能力和检测能力，其一流的设计队伍和产品开发能力也确保产品系列能永远满足顾客的需要。质量管理体系通过 DNV 认证（ISO9001：2000）
2	GF 公司始建于 1971 年，2005 年整体改制为国有独资有限责任公司，2009 年股份有限公司正式挂牌。 公司主要生产钻井工具、震击工具、打捞工具、套铣工具、固井工具、修井工具、采油工具和地面钻具维修设备等。由于不断致力于消化吸收国外先进技术和自主创新相结合，产品质量居国内一流水平，在国内市场占有率已达 80%。自 20 世纪 90 年代中期以来，该公司工具不仅在国内各油田、普查大队占有相当的份额，在国外也享有极高的声誉，已远销到中东、中亚、南亚、东南亚、非洲、南美洲等地区的二十多个国家，打破了钻井工具国内市场被欧美产品垄断的局面，公司的井下工具配套能力已成为中国第一。该公司集科研、开发、制造、安装测试、服务、培训于一体，拥有两个生产基地、省级技术中心和现代化大型锻压、热处理、表面处理、深孔加工、精密机械加工生产线，以及先进的材料计量分析和检测手段，经过几十年的艰苦创业，产品已达到本行业的先进水平
3	JH 公司是国内大型的橡胶鞋靴制造企业。公司是全国胶鞋协会理事长单位，是全国胶鞋标准起草单位。公司核心业务是模压鞋、作训鞋、运动鞋、休闲鞋、水鞋、防滑鞋、解放鞋等 300 多个系列产品的制造与营销。公司技术力量雄厚，设备精良，管理规范。公司近年来更新和安装了多条设备一流的生产流水线，配备了先进的产品研发设备，用电脑设计软件进行产品设计，用企业资源计划（enterprise resource planning，ERP）系统进行管理。在生产工艺技术水平、冷粘和热硫化生产水平、橡胶配方设计水平、原材料研究应用水平、制鞋流水线设备的研究水平等方面均处于制鞋行业的领先地位
4	LQ 公司是公司装备和石油装备（复式永磁电机）等高新技术产品的研制、生产基地，下设北京研发部负责伺服控制及其延伸产品的研发。该公司下设中小型特种电机研制和生产基地，在上海设有新能源汽车动力总成研发部。 公司产品主要包括微型步进、同步电机和复式永磁电机，产品广泛用于石油工业设备、汽车工业、医疗仪器设备、商用机器、精密光学仪器、安防设备、纺织印染设备等。出口产品主要销售到美国、加拿大、法国、马来西亚、瑞士等国家

访谈人员首先到企业了解实际生产情况，走访了车间和管理部门，同时和企业各个层级的工作人员进行了一对一的访谈，项目组部分成员还在企业进行了至少一个月的实习，以期能够更彻底地了解企业的生产和管理情况，同时调研小组对企业的行政管理部门到生产车间都进行了深入的了

解，在问卷设计前期根据现有研究总结出目前装备制造业发展的共通性问题，由此设计了开放式问卷，这部分问卷主要发放给企业的管理人员，以此来聚焦更适合贵州省实际情况的问卷，在此过程中多次和被访问者进行沟通和校对，再整理出更具体化的调查问卷。为了保证收集到的数据的真实性，主要以纸质版的方式进行发放。被调研的对象均在现场填写，本次调研共发放问卷 450 份，回收问卷 450 份，回收率为 100%。为保证数据合理，对收集后的问卷进行筛选，剔除不合格问卷，判断问卷是否合格主要参考两个方面：一是问卷填写完整程度；二是问卷填写的质量，依据问卷评判规则进行选择。剔除无效问卷后，最终有效问卷共计 406 份，有效率达到 90.22%。

6.1.2　问卷数据处理方法

对获取的数据采用统计分析进行处理，统计分析是最基本也是最主要的数据处理方法，不仅可以描述被调查对象的基本信息（如样本估计量、最大值、最小值、样本方差、样本平均值），还可以研究变量之间的作用关系，验证假设理论是否成立（马庆国，2004）。本章采用 SPSS 22.0 版本和 Amos 22.0 版本分析样本数据，涉及的主要处理方法有以下几种。

（1）信度分析和效度分析：主要用来检验因子内部之间的一致性和建构效度。

（2）因子分析：从员工、设施、物料、技术、质量环境确定出质量竞争力的影响因子；根据生产过程交互量表聚类出生产匹配因子；根据质量竞争力量表筛选质量指标。

（3）相关分析：对员工、设施、物料、技术和质量环境与质量竞争力度量指标进行皮尔逊（Person）相关分析，对相关系数进行检验。

（4）回归分析：将员工、设施、物料、技术和质量环境分别对 PHM 和质量竞争力指数进行回归，找出关键因子。

（5）结构方程模型：研究影响因子与质量竞争力的影响关系及效果。

6.2　信度与效度分析

Straub（1989）指出确保研究数据质量是社会研究方法中必不可少的环节，只有保证问卷的信度和效度，才可能得出较符合的科学结论，同时信度和效度还可以为修正问卷提供依据。

（1）效度。效度指的是量表是否真正反映了我们希望测量的东西。一般来说，有四种类型的效度：内容效度、标准效度、结构效度和区分效度。内容效度是一种基于概念的评价指标，其他三种效度是基于经验的评价指标。如果一个量表实际上是有效的，那么我们希望上述四种指标都比较满意。

（2）信度。信度是指测量的一致性。信度本身与测量所得结果正确与否无关，它的功能在于检验测量本身是否稳定。制作完成一份量表或问卷后，首先应该对该量表进行信度分析，以确保其可靠性和稳定性，以免影响问卷内容分析结果的准确性。

（3）信度与效度的关系。信度是效度的必要而非充分条件，即有效度一定有信度，但有信度不一定有效度。

6.2.1　信度分析

信度分析具有两层含义：一是相同参加主体在不同期间或在不同的情景下，采用相同测量工具，观察测量主体是否可以取得相同的效果，即检测参与主体是否具有动态性；二是观察检测结果是否存在干扰要素，能否减少干扰要素对测量结果的影响。

信度分析比较典型和常见的一种测量方法是利用 Cronbach's α 系数，Cronbach's α 系数是一个统计量，是指量表所有可能的项目划分方法得到的折半信度系数的平均值，是最常用的信度测量方法。它最先被美国教育学家 Lee Cronbach（李·克隆巴赫）在 1951 年命名。其计算公式如下。

$$\alpha = \frac{K}{K-1}\left(1 - \frac{\sum\limits_{i=1}^{k}\sigma_{Y_i}^2}{\sigma_X^2}\right)$$

其中，K 表示样本数；$\sigma_{Y_i}^2$ 表示 Y_i 样本的方差；σ_X^2 表示目前观测总样本的方差。

通常 Cronbach's α 系数的值在 0 和 1 之间。如果系数不超过 0.6，一般认为内部一致信度不足；达到 0.7～0.8 时表示量表具有相当的信度；达到 0.8～0.9 时说明量表信度非常好。Cronbach's α 系数的一个重要特性是它的值会随着量表项目的增加而增加，因此，Cronbach's α 系数可能由于量表中包含多余的测量项目而被人为地、不适当地提高。还有一种可以和 Cronbach's α 系数同时使用的系数，该系数能够帮助评价在计算 Cronbach's α 系数的过程中平均数的计算是否掩盖了某些不相关的测量项目。不同的研究者对信度系数的界限值有不同的看法，有学者认为，在基础研究中 Cronbach's α 系数至少应达到 0.8 才能接受，在探索研究中 Cronbach's α 系数至少应达到 0.7 才能接受，而在实务研究中，Cronbach's α 系数只需达到 0.6 即可。本书采用 Nunnally（1978）的标准，划分为四个层级：低信度、中等信度、中高信度和高信度。然后，借助 SPSS 22.0 检验 Cronbach's α 系数是否满足要求。

信度检验结果显示，员工因素的信度是 0.857，各个题目的相关性大于 0.50，题项暂且给予保留；设施因素各个题目在未删除之前的总信度为 0.700，设备定期更换的 Item-Total 相关性低于 0.50，尝试进行逐项剔除，剔除后的总信度为 0.836，表明剔除该项合理，其余题项暂且给予保留；物料因素题目总信度为 0.859，题目间 Item-Total 相关性大于 0.50，对其题项进行初步保留；技术因素初期的总体相关性为 0.866，题目间 Item-Total 相关性均大于 0.50，对其题项进行初步保留；人–生产过程交互总信度为 0.887，其中员工停止生产缺陷产品的 Item-Total 相关性低于 0.50，给予删除，删除后的信度为 0.854，虽略有下降，但变化不大，其余的题项给予保留；质量环境因素初期总信度是 0.781，题项宽敞明亮的环境的 Item-Total 相关性远低于 0.50，进行剔除；其他题目虽有低于 0.50，但与 0.50 差别不大，因此给予保留。

根据信度检验的结果，每个因素量表剔除部分题目后，量表的整体信度没有较大程度的改变，但是信度检验仅仅作为效度成立与否的必要而非充分条件，所以这些题目只是暂时保留，根据效度检验和基础理论再进行处理。详细的信度检验结果见附录 B1、B2 和 B3。

6.2.2　效度分析

效度是指测量变量与被测对象之间的一致程度，用调查问卷衡量被测试者对研究事物的了解程度，效度值越高，测量结果就越能反映研究事物的真实特征。

1. 内容效度

内容效度是指调查问卷能否反映出被研究对象的本质，比如，某调查问卷要测量学生对学校各个岗位工作人员的满意程度，其中工作人员主要包括教师、食堂工作人员、寝室工作人员、校医工作人员，若问卷中只涉及教师、食堂工作人员、寝室工作人员，则缺乏内容效度。根据 Straub（1989）的观点，确保内容效度的最好方式是请该领域专家对量表进行评价修改。另外，内容效度需要非常严谨的逻辑，根据理论架构，搜索出所有的问题与变量集合。

　　首先，各个变量的测量和选取都是在相关研究基础之上，结合研究对象的特征，对已成熟量表进行调整。其次，调查问卷初稿设计完成后需经过多轮修改，主要包括：第一轮请 4 位同研究领域专家教授和 16 位企业质量部门中高层进行评测修改；第二轮请 15 名研究生进行问题描述修改；第三轮为预试测，对调研区域 10 家企业的工作人员进行预调查，根据调查的结果进一步优化测量量表，确立最终问卷。问卷经过上述严谨的调整过程，我们可以认为此套问卷能保证内容的有效性。

　　2. 结构效度

　　结构效度（也是建构效度）是指实验结果与理论的一致性程度，即实验是否真正反映出假设的理论。结构效度具有两方面特点：①结构效度的高低依赖于根据相关理论分析提出的假设理论；②结构效度是一种集合，而不是单一指标。

6.3　因　子　分　析

6.3.1　因子分析原理和拟合检验

　　1. 因子分析原理

　　因子分析法的基本原理是指从一组变量集群中提取关键性指标，一类是将同质因子归为一类，称之为公共因素；另一类是各具有特殊因素的因子（特殊因子）。因子分析既可以减少变量的数目，也可以检验因子之间关系。因子分析的核心是用较少的互相独立的因子反映原有变量的绝大部分信息。这一思想用数学模型表示为：设有 P 个变量 $x_1, x_2, x_3, \cdots, x_p$，且每个变量（经标准化处理后）的均值为 0，标准差均为 1。将每个原有变量用 k（$k<P$）个因子 $f_1, f_2, f_3, \cdots, f_k$ 的线性组合来表示，则有

$$
\begin{cases}
x_1 = a_{11}f_1 + a_{12}f_2 + a_{13}f_3 + \dots + a_{1k}f_k + \varepsilon_1 \\
x_2 = a_{21}f_1 + a_{22}f_2 + a_{23}f_3 + \dots + a_{2k}f_k + \varepsilon_2 \\
x_3 = a_{31}f_1 + a_{32}f_2 + a_{33}f_3 + \dots + a_{3k}f_k + \varepsilon_3 \\
\quad\quad\quad\quad\quad\quad\quad\quad\vdots \\
x_p = a_{p1}f_1 + a_{p2}f_2 + a_{p3}f_3 + \dots + a_{pk}f_k + \varepsilon_p
\end{cases}
\quad (6\text{-}1)
$$

因子分析以最少的信息丢失为前提，将众多的原有变量综合成较少的几个综合指标，名为因子。通常，因子有以下几个特点：因子个数远远少于原有变量的个数；因子能够反映原有变量的绝大部分信息；因子之间的线性关系不显著；因子具有命名解释性。

2. 拟合检验

因子分析之前，需要对量表进行拟合检验，研究中最常采用的两种检验方式是：KMO（Kaiser-Meyer-Olkin）测度和巴特利特球形检验（Bartlett test of sphericity）。本章采用 KMO 测度，该测度检验统计量是用于比较变量间简单相关系数和偏相关系数的指标，主要应用于多元统计的因子分析。KMO 统计量的取值在 0 和 1 之间。当所有变量间的简单相关系数平方和远远大于偏相关系数平方和时，KMO 值越接近于 1，意味着变量间的相关性越强，原变量越适合做因子分析；当所有变量间的简单相关系数平方和接近 0 时，KMO 值越接近于 0，意味着变量间的相关性越弱，原变量越不适合做因子分析。其中 KMO 值越大表明因子分析的结果越好，衡量 KMO 是否满足条件，通常参照 Hair 等（2010）的标准。

6.3.2 质量竞争力指数影响因素分析

对质量竞争力进行因子分析，结果如表 6-3 所示。

表 6-3   因子分析结果

项目	KMO 值	P	累计解释方差
员工因素	0.851	0.000	64.058%
设施因素	0.790	0.000	67.105%
物料因素	0.870	0.000	64.600%
技术因素	0.873	0.000	65.262%
质量环境因素	0.852	0.000	66.638%
人–生产过程交互	0.865	0.000	63.485%
QCI	0.872	0.000	69.108%

1. 员工因素量表因子分析

如表 6-3 所示，员工因素的 KMO 值为 0.851，表明适合做因子分析，共提取 1 个因子。员工因素包含员工的技术水平、学习意愿、信息分享等 5 个项目。具体数据参见附录 B4。

2. 设施因素量表因子分析

如表 6-3 所示，设施因素的 KMO 值为 0.790，表明适合做因子分析，共提取 1 个因子，把其影响题目暂定为生产设备的性能先进、生产设备的可靠性、生产设备洁净化生产、设备布局配置共 4 个项目。具体数据参见附录 B4。

3. 物料因素量表因子分析

如表 6-3 所示，物料因素的 KMO 值为 0.870，表明适合做因子分析，共提取 1 个因子，影响题目暂定为与供应商建立合作、供应商参与产品设计等 5 个项目。具体数据参见附录 B4。

4. 技术因素量表因子分析

如表 6-3 所示，技术因素量表包含 5 个题项，因子分析后 KMO 值为 0.873，表明适合做因子分析，共提取 1 个因子，对生产技术进行因子分析后，题目暂定为研发人员的占比、研发人员的素质、独特生产技术和工艺、工艺流程持续改进升级和研究经费的投入共 5 个题项。具体数据参见附录 B4。

5. 质量环境因素量表因子分析

如附录 B5 所示，质量环境因素量表包含 9 个题项，因子分析后其 KMO 值为 0.852，表明适合做因子分析，共提取 2 个因子。参见附录 B5。

因子 1 包括质量理念日常化、明确质量战略规划、鼓励员工提出建议、晋升激励机制和企业开展质量组会共 5 个题项，集中反映的是生产活动中的质量管理相关策略，本书将这个因子命名为质量管理环境要素。

因子 2 包括工作中杂事干扰，生产过程产生的噪声，员工操作台的舒适性，温度、光线、湿度 4 个项目，集中反映了质量生产活动中物理环境要素，因此本书将这个因子命名为质量物理环境要素。

6. 人–生产过程交互量表因子分析

人–生产过程交互量表因子分析共提取 1 个因子，具体测量题项包括获取产品质量数据、员工培训、团队解决问题、提供工作或流程说明、知识结构满足生产任务共 5 个题项。具体数据参见附录 B6。

6.3.3　质量竞争力量表因子分析

质量竞争力量表共 5 个题项，因子分析后共提取 1 个因子，具体测量题项包含生产力得到提高、产品和交付得到改善、产品生产周期时间下降、废品和返工成本下降、满意度有所提高共 5 个题项。具体数据参见附录 B7。

6.3.4　概念模型修正

依据信度、效度和因子分析，对图 5-7 质量竞争力影响因素及作用路径的研究模型进行修正，将环境要素部分由原先的质量文化环境、企业激励制度、质量物理环境、组织沟通协调调整为质量管理环境和质量物理环境，如图 6-2 所示。

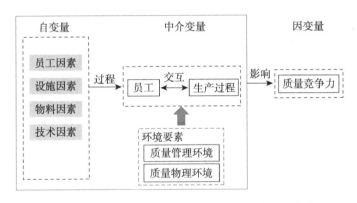

图 6-2　修正后质量竞争力影响因素及作用路径研究模型

6.3.5　因子分析结果

通过以上对企业质量竞争力调查问卷量表的因子分析，将质量竞争力影响因素量表、人–生产过程交互量表和质量竞争力量表的因子分析结果统一列为表，其中表中因子相关性载荷低于 0.30 的题目已删除，如表 6-4～表 6-6 所示。

表 6-4　修正后质量竞争力各影响因素题项集

一级因素	二级因素	一级因素	二级因素	一级因素	二级因素
员工因素（EMP）	技术水平 学习意愿 信息分享 工作满意度 实现自我价值	物料因素（RES）	与供应商建立合作 供应商参与产品设计 供应商引进新技术 原料质量测评体系 供应商参与质量培训	质量管理环境因素（MF）	质量理念日常化 明确质量战略规划 鼓励员工提出建议 晋升激励机制 企业开展质量组会
设施因素（EQU）	生产设备的性能先进 生产设备的可靠性 生产设备洁净化生产 设备布局配置	技术因素（TEC）	研发人员的占比 研发人员的素质 独特生产技术和工艺 工艺流程持续改进升级 研究经费的投入	质量物理环境因素（EF）	工作中杂事干扰 生产过程产生的噪声 员工操作台的舒适性 温度、光线、湿度

表 6-5　修正后人–生产过程交互影响因素题项集

范畴	测量问题
人–生产过程交互（PHM）	获取产品质量数据 员工培训 团队解决问题 提供工作或流程说明 知识结构满足生产任务

表 6-6　修正后质量竞争力影响因素题项集

范畴	测量问题
质量竞争力（QCI）	在过去三年，客户对产品质量的满意度有所提高 在过去三年，企业产品和服务交付得到了改善 在过去三年，废品和返工成本占销售额的比例有所下降 在过去三年，周期时间（从收到原材料到成品出货）有所下降 在过去三年，企业组织的生产力得到提高

6.4　区别效度和收敛效度分析

结合 6.2 节和 6.3 节信效度分析结果，再次对最终的题项从区别效度和收敛效度两个方面进行检验。一般认为，构面的区别效度大于各个构面之间的相关系数，其实区别效度的值就相当于构面与自身的相关性，而收敛效度是希望构面与自身的效度大于该构面与其他构面的相关性。收敛效度是指测量相同潜在特质的题项或测验会落在同一个因素构面上，且题项或测验间所测得的测量值之间具有高度的相关性。Amos 中的操作比较简单，根据潜在变量的各题项的标准化因素负荷量计算平均变异抽取量（average variance extracted，AVE）和组合信度（composite reliability，CR），若研究中的标准化因素负荷量大于 0.5、AVE 大于 0.6、CR 大于 0.7，则说明具有较好的收敛效度。区别效度是指构面所代表的潜在特质与其他构面所代表的潜在特质之间低度相关或有显著的差异存在。Amos 的操作中，求两构面间的区别效度的方法是利用单群组生成两个模型，分别为未限制模型（潜在构面间的共变关系不加以限制，共变参数为自由估计参数）与限制模型（潜在构面间的共变关系限制为 1，共变参数为固定参数），接着进行两个模型的卡方值差异比较，卡方值差异量越大且达到显著水平（$P=0.05$ 时卡方值差异量为 3.841，$P=0.01$ 时卡方值差异量为 6.635，$P=0.001$ 时卡方值差异量为 7.879）时，两模型间的差异越显著，其区别效度越高，如表 6-7 所示。

表 6-7　影响因素间收敛效度和区别效度

因素	收敛效度	区别效度								描述统计	
	AVE	EMP	EQU	RES	TEC	EF	MF	PHM	QCI	平均值	标准差
EMP	0.641	**0.801**								5.070	1.056
EQU	0.671	0.313**	**0.819**							5.062	1.095
RES	0.646	0.245**	0.309**	**0.804**						4.831	1.105
TEC	0.651	0.231**	0.275**	0.304**	**0.807**					5.133	1.107
EF	0.689	0.147**	0.088	0.100*	0.117*	**0.830**				4.796	1.054
MF	0.637	0.151**	0.195**	0.169**	0.216**	0.183**	**0.798**			5.065	1.051
PHM	0.635	0.405**	0.436**	0.362**	0.426**	0.370**	0.358**	**0.797**		4.902	1.020
QCI	0.691	0.410**	0.503**	0.406**	0.398**	0.345**	0.382**	0.606**	**0.831**	4.849	1.082

注：黑体表示 AVE 开根号值

** $P<0.01$；* $P<0.05$

构面的收敛效度与区别效度如表 6-7 所示，表 6-7 显示了各个构面的平均值和标准差，各个构面的 AVE 值在 0.600 至 0.700 之间，表明各个影响因素均具有可接受的收敛效度。此外，各个构面对角线上 AVE 开根号值均大于与其他构面之间的皮尔逊数值，说明各个构面都具有较好的区别效度。

6.5　相关性分析

相关性分析是研究变量间关系常用的统计方法，只有保证各个因子间彼此相关才能进行下一步的回归分析，相关分析是研究两个或两个以上处于同等地位的随机变量间的相关关系的统计分析方法。例如，人的身高和体重之间、空气中的相对湿度与降雨量之间的相关关系都是相关分析研究的问题。相关分析与回归分析的区别：回归分析侧重于研究随机变量间的依赖关系，以便用一个变量去预测另一个变量；相关分析侧重于发现随机变量间的种种相关特性。相关分析在工农业、水文、气象、社会经济和生物学等方面都有应用。相关分析的方法很多，本文采用皮尔逊相关分析和双尾检验方法测量系数之间的相关显著性。皮尔逊相关分析广泛应用于度量两个变量之间的相关程度，其值介于–1 与 1 之间。它是由卡尔·皮尔逊从弗朗西斯·高尔顿在 19 世纪 80 年代提出的一个相似却又稍有不同的想法演变而来的。这个相关系数也称作皮尔逊积矩相关系数。两个变量之间的皮尔逊相关系数定义为两个变量之间的协方差和标准差的商：

$$\rho_{X,Y} = \frac{\mathrm{cov}(X,Y)}{\sigma_X \sigma_Y} = \frac{E\big[(X-\mu_X)(Y-\mu_Y)\big]}{\sigma_X \sigma_Y}$$

上式定义了总体相关系数，常用希腊小写字母 ρ 作为代表符号。估算样本的协方差和标准差，可得到皮尔逊相关系数，常用英文小写字母 r 代表：

$$r = \frac{\sum_{i=1}^{n}(X_i - \overline{X})(Y_i - \overline{Y})}{\sqrt{\sum_{i=1}^{n}(X_i - \overline{X})^2}\sqrt{\sum_{i=1}^{n}(Y_i - \overline{Y})^2}}$$

r 也可由 (X_i, Y_i) 样本点的标准分数均值估计，得到与上式等价的表达式：

$$r = \frac{1}{n-1}\sum_{i=1}^{n}\left(\frac{X_i - \overline{X}}{\sigma_X}\right)\left(\frac{Y_i - \overline{Y}}{\sigma_Y}\right)$$

其中，$\dfrac{X_i - \overline{X}}{\sigma_X}$、$\overline{X}$ 及 σ_X 分别表示 X_i 样本的标准分数、样本平均值和样本标准差。

双尾显著性检验是事先对总体（随机变量）的参数或总体分布形式做出一个假设，然后利用样本信息来判断这个假设（备择假设）是否合理，即判断总体的真实情况与原假设是否有显著性差异。

假设有两组数据 A 和 B，双尾显著性检验 $\dfrac{X_i - \overline{X}}{\sigma_X}$ 就是比较 A 和 B 有无

显著性差异,单尾检验就是检验 A 是否显著大于 B 或者 B 是否显著大于 A。至于方向,一般是在假设的时候定,或者题目中的提问就有。通常,双尾检验被用于没有强烈方向性期望的实验研究中,或是存在两个可竞争的预测时。例如,当一种理论预测分数增加,而另一种理论预测分数减少时,应当使用双尾检验。应当使用单尾检验的情况包括在进行实验前已经有方向性预测,或强烈需要做出方向性预测时。

本章的检验主要分为两部分,第一,分析员工因素、设施因素、物料因素、技术因素、质量物理环境与质量管理环境与人–生产过程交互因素之间的相关性;第二,员工因素、设施因素、物料因素、技术因素、质量物理环境与质量管理环境、人–生产过程交互与质量竞争力的关系。具体如表6-8 所示。

表 6-8　各要素相关性分析

因变量	自变量	非标准化系数		标准化系数	t	P	VIF
		B	标准误差	Beta			
人–生产过程交互	常量	−0.686	0.304		−2.260	0.024	
	EMP	0.186	0.038	0.192	4.851	0.000	1.173
	EQU	0.207	0.038	0.222	5.468	0.000	1.230
	RES	0.117	0.037	0.127	3.169	0.002	1.200
	TEC	0.198	0.037	0.215	5.392	0.000	1.192
	EF	0.245	0.036	0.253	6.733	0.000	1.055
	MF	0.166	0.037	0.171	4.460	0.000	1.106
质量竞争力	常量	−1.075	0.304		−3.539	0.000	
	EMP	0.137	0.039	0.133	3.494	0.001	1.242
	EQU	0.239	0.039	0.241	6.131	0.000	1.322
	RES	0.136	0.037	0.139	3.655	0.000	1.230
	TEC	0.103	0.038	0.105	2.723	0.007	1.279
	EF	0.167	0.038	0.163	4.382	0.000	1.175
	MF	0.159	0.038	0.154	4.185	0.000	1.161
	PHM	0.251	0.050	0.236	5.042	0.000	1.875

如表 6-8 所示,VIF 就是多重共线性检测指标,一般认为该指标小于 5 就说明没有共线性问题,10 以内是比较宽松的要求。在人–生产过程交互和质量竞争力中,各个因素的共线性在 1~2,表明各个要素不存在共线性问题。同时,根据表 6-8 确定各个因变量对应的非标准化回归方程:

$$PHM = -0.686 + 0.186 \times EMP + 0.207 \times EQU + 0.117 \times RES + 0.198 \times TEC$$
$$+ 0.245 \times EF + 0.166 \times MF$$

$$QCI = -1.075 + 0.137 \times EMP + 0.239 \times EQU + 0.136 \times RES + 0.103 \times TEC$$
$$+ 0.167 \times EF + 0.159 \times MF + 0.251 \times PHM$$

从上述两式可以看出各个变量对因变量的影响系数均为正，说明有正向的促进作用；但是非标准化方程并不能准确测量影响要素与自变量的关系，还需要进一步分析。

6.6 本章小结

设计质量竞争力调查问卷，并选取具有代表性的企业调研、访谈，多次修订调查问卷，得到可行的调查问卷后发放给一线工作人员，针对问卷结果采用 SPSS 22.0 版本和 Amos 22.0 版本进行分析，其中涉及了信度分析和效度分析，主要用来检验因子内部之间一致性和建构效度。因子分析：确定影响因子、生产匹配因子、质量指标。相关分析：进行相关系数检验。回归分析：找出关键因子。结构方程模型：研究影响因子与质量竞争力的影响关系及效果。

第 7 章

质量竞争力结构方程模型构建及分析

7.1 模型构建与理论假设

7.1.1 模型构建

根据第 6 章对质量竞争力影响因子的分析，将第 5 章提出的质量竞争力影响因素影响机理及路径模型细化，提出质量竞争力影响因素影响机理及路径的概念模型，如图 7-1 所示。员工因素、设施因素、物料因素、技术因素、质量管理环境和质量物理环境的关键影响因子不但直接对质量竞争力产生影响，而且通过人–生产过程交互来影响质量竞争力的高低，如图 7-1 所示。

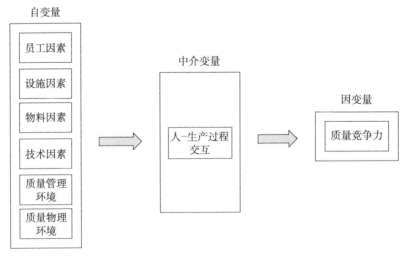

图 7-1   质量竞争力影响因子作用路径的概念模型

7.1.2 理论假设

根据 7.1.1 节提出的质量竞争力概念模型，提出以下假设。

H7-1：各影响因素与质量竞争力密切相关，生产要素表现越好，质量竞争力越好。

H7-2：各影响因素与人–生产过程交互过程密切相关，生产要素表现越好，匹配效果越好。

H7-3：员工因素会通过人–生产过程交互间接影响质量竞争力。

H7-4：设施因素会通过人–生产过程交互间接影响质量竞争力。

H7-5：物料因素会通过人–生产过程交互间接影响质量竞争力。

H7-6：技术因素会通过人–生产过程交互间接影响质量竞争力。

H7-7：质量物理环境会通过人–生产过程交互间接影响质量竞争力。

H7-8：质量管理环境会通过人–生产过程交互间接影响质量竞争力。

7.2　结构方程模型简介及变量定义

结构方程模型属于验证式数学方法，由多种多元统计技术组成，可以发掘变量间（观察变量、潜在变量和干扰变量）内在的直接效果、间接效果和总效果，验证变量间存在的结构关系或基本假设是否合理。

一个完整结构方程模型与模型概念化有密切关系，模型概念化内涵由两部分组成：测量模型概念化和结构模型概念化。Hair 等（2010）将结构方程模型分为 7 个步骤：①建立理论模型；②因素关系路径；③路径图转换成方程式；④选择分析模型；⑤模型检定；⑥评估模型标准；⑦模型修正和假设检验。结构方程模型流程图如图 7-2 所示。

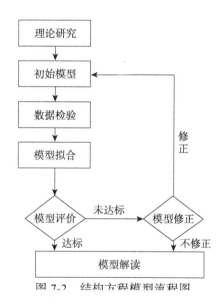

图 7-2　结构方程模型流程图

7.2.1　结构方程模型

本书采用结构方程进行建模，该模型整合了因素分析与路径分析两种统计方法，由于检验的过程中包含了显性变量、潜在变量、干扰或者误差变量，并且能够反映它们之间的关系，进而能够得出自变量对因变量的直接、间接或者总体效果，因此该模型被广泛用于对多变量交互关系的定量研究。结构方程模型具有理论先验性，即模型必须建立在一定的理论上，模型的建立就是为了验证理论成立与否，是一种验证性的方法。在结构方程模型的分析软件中，除 LISREL 外，EQS 与 Amos 也是甚为普及的软件，尤其是 SPSS 家族系列的 Amos 软件，因为 SPSS 统计软件包使用的普及率甚高，加以 Amos 的图形绘制模型功能及使用者界面导向模块，以 Amos 来进行结构方程模型分析的使用者越来越多。Amos 不仅可以进行各种结构方程模型的分析，也可以进行多群组分析、多群组平均数检验、潜在平均结构分析、因素结构不变性检验、因果结构不变性检验、协方差分析等。虽然 Amos 的操作界面与 LISREL 不同，但二者对于结构方程模型分析的假定、程序及结果是相同的，二者最大的差别在于 Amos 的输出结果及假设模型变量的界定均无法使用结构方程模型理论中所提的希腊字母，也无法使用下标字符于绘制的理论模型中。

结构方程模型主要由两个部分组成：测量模型（measured model）和结构方程（structural equation）。

1. 测量模型

一个测量模型是由一个潜在模型和两个以上的观察变量组成的，如图 7-3 所示。

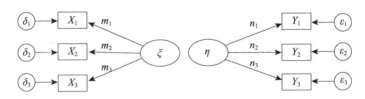

图 7-3　三个观察变量的测量模型图

由图 7-3 构建的测量模型回归方程式如下：

$$X_1 = m_1 \cdot \xi + \delta_1$$
$$X_2 = m_2 \cdot \xi + \delta_2$$
$$X_3 = m_3 \cdot \xi + \delta_3$$
$$Y_1 = n_1 \cdot \eta + \varepsilon_1$$
$$Y_2 = n_2 \cdot \eta + \varepsilon_2$$
$$Y_3 = n_3 \cdot \eta + \varepsilon_3$$

整理写成：

$$X = \Lambda_x \cdot \xi + \delta_x$$
$$Y = \Lambda_Y \cdot \eta + \varepsilon_Y$$

其中，X 表示外生观察变量组成的向量；Y 表示内生观察变量组成的向量；Λ_x 表示指标变量（X、Y）之间的因素负荷量；Λ_Y 表示外生潜在变量和内生潜在变量组成的向量；ξ 表示外生潜在变量组成的向量；η 表示内生潜在变量组成的向量；δ 表示指标变量 X 的测量误差；ε 表示指标变量 Y 的测量误差。

结构方程模型的测量模型描述的是 η、ξ 与观察变量 X、Y 之间的关系。

2. 结构方程

结构方程描述的是潜在变量之间的关系，主要由因的潜在变量和果的潜在变量，以及外生潜在变量对内生潜在变量的干扰因子三部分组成。

$$\eta = \beta \cdot \eta + \Gamma \cdot \xi + \zeta$$

其中，β 表示内生潜在变量之间的结构系数；Γ 表示外生潜在变量与内生潜在变量之间的结构系数；ζ 表示外生潜在变量对内生潜在变量的干扰因子。

7.2.2　变量定义

根据结构方程对显性变量和潜在变量的定义，本章设计了 6 个外生潜在变量（员工因素、设施因素、物料因素、技术因素、质量管理环境、质量物理环境）和 2 个内生潜在变量（人-生产过程交互、质量竞争力）；显性变量包括 28 个外生显性变量（测量指标），10 个内生显性变量（5 个人- 生产过程交互和 5 个质量竞争力测量指标）。各组变量分类如表 7-1 所示。

表 7-1　结构方程模型中各个变量定义

潜在变量	显性变量测量内容及表示符号
员工因素 ξ_1	学习意愿 X_1、技术水平 X_2、工作满意度 X_3、信息分享 X_4、实现自我价值 X_5
设施因素 ξ_2	性能先进 X_6、可靠性 X_7、洁净化生产 X_8、设备布局配置 X_9
物料因素 ξ_3	与供应商建立合作 X_{10}、供应商参与产品设计 X_{11}、供应商引进新技术 X_{12}、原料质量测评体系 X_{13}、供应商参与质量培训 X_{14}
技术因素 ξ_4	研发人员的占比 X_{15}、研发人员的素质 X_{16}、独特生产技术和工艺 X_{17}、工艺流程持续改进升级 X_{18}、研究经费的投入 X_{19}
质量物理环境 ξ_5	杂事干扰 X_{20}、温度和湿度 X_{21}、工作是否舒适 X_{22}、噪声 X_{23}

潜在变量	显性变量测量内容及表示符号
质量管理环境 ξ_6	质量战略规划 X_{24}、质量理念 X_{25}、晋升激励机制 X_{26}、开展质量组会 X_{27}、员工提出建议 X_{28}
人-生产过程交互 η_1	员工培训 Y_1、团队解决问题 Y_2、提供工作或流程说明 Y_3、知识结构满足生产任务 Y_4、获取产品质量数据 Y_5
质量竞争力 η_2	满意度提高 Y_6、交付改善 Y_7、废品和返工率降低 Y_8、产品生产周期下降 Y_9、生产力提高 Y_{10}

7.3　模型分析及假设检验

7.3.1　结构方程模型

在本章的 7.1 节提出的概念模型基础上，采用 Amos 22.0 软件绘制质量竞争力模型的路径模型，如图 7-4 所示。

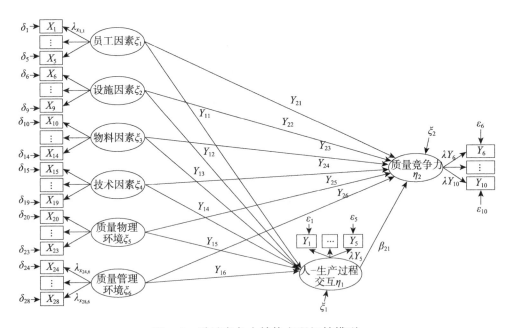

图 7-4　质量竞争力结构方程初始模型

图 7-4 质量竞争力结构方程初始模型传递了三个方面的信息。第一，外生潜在变量和测量指标的关系，具体表达式为 $X = \Lambda_x \cdot \xi + \delta_x$；第二，内生潜在变量与测量指标的关系，具体表达式为 $Y = \Lambda_Y \cdot \eta + \varepsilon_Y$；第三，外生潜在变量与内生潜在变量之间的关系，具体表现为 $\eta = \beta \cdot \eta + \Gamma \cdot \xi + \zeta$。对于

本章构建的质量竞争力结构方程模型，采用矩阵方程组形式表示，具体如下。

（1）外生潜在变量与题目之间的测量方程如下。

$$
\begin{bmatrix} X_1 \\ \vdots \\ X_5 \\ X_6 \\ \vdots \\ X_9 \\ X_{10} \\ \vdots \\ X_{14} \\ X_{15} \\ \vdots \\ X_{19} \\ X_{20} \\ \vdots \\ X_{23} \\ X_{24} \\ \vdots \\ X_{28} \end{bmatrix} = \begin{bmatrix} \lambda_{x_{1,1}} & 0 & 0 & 0 & 0 & 0 \\ \vdots & 0 & 0 & 0 & 0 & 0 \\ \lambda_{x_{5,1}} & 0 & 0 & 0 & 0 & 0 \\ 0 & \lambda_{x_{6,2}} & 0 & 0 & 0 & 0 \\ 0 & \vdots & 0 & 0 & 0 & 0 \\ 0 & \lambda_{x_{9,2}} & 0 & 0 & 0 & 0 \\ 0 & 0 & \lambda_{x_{10,3}} & 0 & 0 & 0 \\ 0 & 0 & \vdots & 0 & 0 & 0 \\ 0 & 0 & \lambda_{x_{14,3}} & 0 & 0 & 0 \\ 0 & 0 & 0 & \lambda_{x_{15,4}} & 0 & 0 \\ 0 & 0 & 0 & \vdots & 0 & 0 \\ 0 & 0 & 0 & \lambda_{x_{19,4}} & 0 & 0 \\ 0 & 0 & 0 & 0 & \lambda_{x_{20,5}} & 0 \\ 0 & 0 & 0 & 0 & \vdots & 0 \\ 0 & 0 & 0 & 0 & \lambda_{x_{23,5}} & 0 \\ 0 & 0 & 0 & 0 & 0 & \lambda_{x_{24,6}} \\ 0 & 0 & 0 & 0 & 0 & \vdots \\ 0 & 0 & 0 & 0 & 0 & \lambda_{x_{28,6}} \end{bmatrix} \times \begin{bmatrix} \xi_1 \\ \xi_2 \\ \vdots \\ \xi_6 \end{bmatrix} + \begin{bmatrix} \delta_1 \\ \delta_2 \\ \vdots \\ \delta_{28} \end{bmatrix}
$$

整理成方程组如下：

$$X_1 = \lambda_{x_{1,1}} \cdot \xi_1 + \delta_1$$
$$\vdots$$
$$X_5 = \lambda_{x_{5,1}} \cdot \xi_1 + \delta_5$$
$$X_6 = \lambda_{x_{6,2}} \cdot \xi_2 + \delta_6$$
$$\vdots$$
$$X_9 = \lambda_{x_{9,2}} \cdot \xi_2 + \delta_9$$
$$X_{10} = \lambda_{x_{10,3}} \cdot \xi_3 + \delta_{10}$$
$$\vdots$$
$$X_{14} = \lambda_{x_{14,3}} \cdot \xi_3 + \delta_{14}$$

$$X_{15} = \lambda_{x_{15,4}} \cdot \xi_4 + \delta_{15}$$
$$\vdots$$
$$X_{19} = \lambda_{x_{19,4}} \cdot \xi_4 + \delta_{19}$$
$$X_{20} = \lambda_{x_{20,5}} \cdot \xi_5 + \delta_{20}$$
$$\vdots$$
$$X_{23} = \lambda_{x_{23,5}} \cdot \xi_5 + \delta_{23}$$
$$X_{24} = \lambda_{x_{24,6}} \cdot \xi_6 + \delta_{24}$$
$$\vdots$$
$$X_{28} = \lambda_{x_{28,6}} \cdot \xi_6 + \delta_{28}$$

其中，$X_1, X_2, X_3, \cdots, X_{28}$ 和 ξ_1、ξ_2、ξ_3、ξ_4、ξ_5、ξ_6 的具体解释见表 7-1；$\lambda_{x_{1,1}}, \lambda_{x_{2,1}}, \lambda_{x_{3,1}}, \cdots, \lambda_{x_{28,6}}$ 分别表示 28 个外生观察变量和 6 个外生潜在变量上的载荷；$\delta_1, \delta_2, \cdots, \delta_{28}$ 分别表示 28 个外生观察变量的测量误差。

（2）内生潜在变量与观察变量的测量方程如下。

$$\begin{bmatrix} Y_1 \\ \vdots \\ Y_5 \\ Y_6 \\ \vdots \\ Y_{10} \end{bmatrix} = \begin{bmatrix} \lambda_{y_{1,1}} & 0 \\ \vdots & 0 \\ \lambda_{y_{5,1}} & 0 \\ 0 & \lambda_{y_{6,2}} \\ 0 & \vdots \\ 0 & \lambda_{y_{10,2}} \end{bmatrix} \times \begin{bmatrix} \eta_1 \\ \eta_2 \end{bmatrix} + \begin{bmatrix} \varepsilon_1 \\ \varepsilon_2 \\ \vdots \\ \varepsilon_{10} \end{bmatrix}$$

整理成方程组：

$$Y_1 = \lambda_{y_{1,1}} \cdot \eta_1 + \varepsilon_1$$
$$\vdots$$
$$Y_5 = \lambda_{y_{5,1}} \cdot \eta_1 + \varepsilon_5$$
$$Y_6 = \lambda_{y_{6,2}} \cdot \eta_2 + \varepsilon_6$$
$$\vdots$$
$$Y_{10} = \lambda_{y_{10,2}} \cdot \eta_2 + \varepsilon_{10}$$

其中，$Y_1, Y_2, \cdots, Y_{10}$ 和 η_1, η_2 的具体解释见表 7-1；$\lambda_{y_{1,1}}, \lambda_{y_{2,1}}, \cdots, \lambda_{y_{10,2}}$ 分别表示 10 个内生观察变量和 2 个内生潜在变量上的因子载荷；$\varepsilon_1, \varepsilon_2, \cdots, \varepsilon_{10}$ 分别表示 10 个内生观察变量的测量误差。

（3）潜在变量之间的内生潜在变量与外生潜在变量结构方程矩阵如下。

$$\begin{bmatrix} \eta_1 \\ \eta_2 \end{bmatrix} = \begin{bmatrix} 0 & 0 \\ \beta_{21} & 0 \end{bmatrix} \begin{bmatrix} \eta_1 \\ \eta_2 \end{bmatrix} + \begin{bmatrix} \gamma_{1,1} & \gamma_{1,2} & \gamma_{1,3} & \gamma_{1,4} & \gamma_{1,5} & \gamma_{1,6} \\ \gamma_{2,1} & \gamma_{2,2} & \gamma_{2,3} & \gamma_{2,4} & \gamma_{2,5} & \gamma_{2,6} \end{bmatrix} \begin{bmatrix} \xi_1 \\ \xi_2 \\ \xi_3 \\ \xi_4 \\ \xi_5 \\ \xi_6 \end{bmatrix} + \begin{bmatrix} \zeta_1 \\ \zeta_2 \end{bmatrix}$$

整理成如下方程式：

$$\eta_1 = \gamma_{1,1} \times \xi_1 + \gamma_{1,2} \times \xi_2 + \gamma_{1,3} \times \xi_3 + \gamma_{1,4} \times \xi_4 + \gamma_{1,5} \times \xi_5 + \gamma_{1,6} \times \xi_6 + \zeta_1$$

$$\eta_2 = \beta_{21} \times \eta_1 + \gamma_{2,1} \times \xi_1 + \gamma_{2,2} \times \xi_2 + \gamma_{2,3} \times \xi_3 + \gamma_{2,4} \times \xi_4 + \gamma_{2,5} \times \xi_5 + \gamma_{2,6} \times \xi_6 + \zeta_2$$

其中，β_{21} 表示内生潜在变量质量竞争力的路径系数；$\gamma_{1,1}$、$\gamma_{1,2}$、$\gamma_{1,3}$、$\gamma_{1,4}$、$\gamma_{1,5}$、$\gamma_{1,6}$、$\gamma_{2,1}$、$\gamma_{2,2}$、$\gamma_{2,3}$、$\gamma_{2,4}$、$\gamma_{2,5}$、$\gamma_{2,6}$ 分别表示内生潜在变量 η_1，η_2 之间的路径系数；ζ_1 和 ζ_2 分别表示 2 个内生潜在变量的残差。

7.3.2 模型拟合

初始模型建立后并不意味着模型已经完全确立，需要进一步对数据进行检验，这个过程称为模型拟合。根据模型拟合度指数，对模型进行修正。Hair 等（1998）把模型拟合指标划分为二大类，即绝对拟合指标（χ^2、df、χ^2/df、GFI、AGFI、RMSEA、SRMR[①]等）和相对拟合指标 [TLI（NNFI）、CFI、IFI[②]、Hoelter's N（CN）等]。模型修正主要以修正指数（modification index，MI）和临界比率（critical ratio，CR）作为依据。本章通过 Bollen-Stine 方法对模型进行不断拟合，由于模型修正是多次尝试的过程，本章只汇报修正前后各个指标，表 7-2 列出了结构方程模型拟合的检验前后结果。

表 7-2　各分量模型与总模型的拟合分析结果

指标	标准	员工因素	物料因素	设施因素	技术因素	质量管理环境	质量物理环境	整体模型
χ^2	越小越好	108.746	92.539	120.782	100.496	98.996	88.757	683.810
df	越大越好	87	87	74	87	87	74	637
χ^2/df	$1 < \chi^2/\mathrm{df} < 3$	1.250	1.064	1.632	1.155	1.138	1.199	1.073

---

① GFI 即 goodness-of-fit index，拟合优度指数；AGFI 即 adjusted goodness-of-fit index，调整拟合优度指数；RMSEA 即 root mean square error of approximation，近似均方根误差；SRMR 即 standardized root square residual，标准化均方根残差。

② TLI 即 Tucker-Lewis index，塔克-刘易斯指数；NNFI 即 non-normed fit index，非常规拟合指数；CFI 即 comparative fit index，比较拟合指数；IFI 即 incremental fit index，增量拟合指数。

指标	标准	员工因素	物料因素	设施因素	技术因素	质量管理环境	质量物理环境	整体模型
GFI	>0.90	0.965	0.971	0.958	0.957	0.968	0.971	0.919
AGFI	>0.90	0.952	0.959	0.941	0.969	0.957	0.958	0.906
RMSEA	<0.08	0.025	0.013	0.040	0.020	0.018	0.022	0.013
SRMR	<0.08	0.028	0.033	0.036	0.031	0.029	0.032	0.036
TLI	>0.90	0.992	0.998	0.980	0.995	0.995	0.995	0.993
CFI	>0.90	0.993	0.998	0.984	0.996	0.996	0.994	0.994
IFI	>0.90	0.993	0.998	0.984	0.996	0.996	0.995	0.994

从表 7-2 可以看出，模型拟合结果均已达到预期的标准，这也说明信效度所确立的变量比较合理，没有必要进一步修正。

7.3.3　结构方程模型评估

通常，模型的拟合系数除了达到拟合优度标准以外，还应满足单因子测量误差不能存在负值和因子载荷符合要求，标准化因子载荷需要在 0.50 以上，并且达到显著水平。各项观察变量参数估计如表 7-3 所示，观察变量的标准化因子载荷 $X_{x|ym,n}$ 即标准误差都在 0.50 附近，并且所有因子负载量的 t 值都大于 1.96，标准化参数值都大于 0，所有的标准误差均是正值，表明观察变量筛选满足基本要求，通过检验。

表 7-3　外生潜在变量和内生潜在变量的参数估计

参数	非标准化参数估计值	标准误差	t 值	标准化参数估计值	P
λ_{11}	0.214	0.050	4.280	0.214	***
λ_{12}	0.268	0.059	4.542	0.242	***
λ_{13}	0.120	0.050	2.400	0.118	***
λ_{14}	0.205	0.043	4.767	0.235	***
λ_{15}	0.334	0.055	6.073	0.288	***
λ_{16}	0.234	0.061	3.836	0.184	***
λ_{21}	0.115	0.042	2.715	0.131	***
λ_{22}	0.242	0.053	4.588	0.249	***
λ_{23}	0.128	0.042	3.082	0.144	***
λ_{24}	0.082	0.037	2.222	0.107	***
λ_{25}	0.169	0.049	3.428	0.166	***
λ_{26}	0.181	0.052	3.495	0.162	***
β_{21}	0.201	0.063	3.188	0.229	***

***$P<0.001$

外生潜在变量和内生潜在变量的参数估计如表 7-3 所示，可以看出外生潜在变量均与内生潜在变量有显著正向作用，可得模型设计符合要求。

在表 7-4 中 ζ_1 和 ζ_2 代表 2 个内生潜在变量的残差协方差，是对 η_1 和 η_2 的因子解释方差能力。结果显示，2 个内生潜在变量的 ζ_1 和 ζ_2 估计值均显著，说明两个潜在变量均有未被解释的部分存在。例如 $\zeta_1 =0.587$，说明 η_1 未被 ξ_1、ξ_2、ξ_3、ξ_4、ξ_5、ξ_6 解释，而剩下的被解释部分为 0.587，可能还存在其他未发现的因素影响着系统。

表 7-4 内生潜在变量的残差协方差

参数	非标准化参数估计值	标准误差	t 值	标准化参数估计值	P
ζ_1	0.403	0.055	7.289	0.587	***
ζ_2	0.308	0.043	7.127	0.591	***

***$P<0.001$

模型在多次检验和修正之后，最终形成 6 个外生潜在变量、2 个内生潜在变量、38 个测量题项，如果将完全标准化的参数全部标注在图上，会使得路径模糊不清，因此，本章只标注主要的路径系数，如图 7-5 所示。

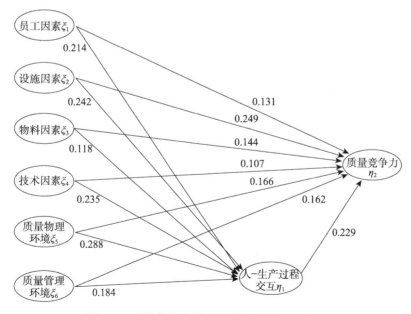

图 7-5 质量竞争力影响因素影响路径系数图

如图 7-5 所示，影响因子不但对质量竞争力有着直接影响，而且人–生产过程交互也会在这个环节起到间接作用。另外，从图 7-5 可以明显看出，各影响因子对质量竞争力作用强度也不相同，比如，在其他因素不变的情景下，物料因素每提升 1 个单位，质量竞争力上升 0.144 个百分点；技术因素每增加 1 个单位，质量竞争力提升 0.107 个百分点。

7.3.4　假设检验

依据上述模型潜在变量之间路径关系标准化系数的估计值和 t 检验结果，以及表 7-5 和表 7-6 质量竞争力影响路径分析结果，对模型假设进行检验。

表 7-5　质量竞争力影响路径分析的结果（一）

| 影响路径 | 尖端效应 | 系数乘积 | | 95%置信区间下 Bootstrap 1000 次 | | | | P |
| | | | | 误差修正 | | 百分位 | | |
		标准误差	z	低值	高值	低值	高值	
EMP DE	0.115	0.045	2.556	0.027	0.210	0.025	0.209	0.012
EMP-PHM IE	0.043	0.017	2.529	0.016	0.087	0.014	0.082	0.002
EQU DE	0.242	0.052	4.654	0.141	0.340	0.146	0.351	0.001
EQU-PHM IE	0.054	0.021	2.571	0.021	0.111	0.017	0.102	0.002
RES DE	0.128	0.044	2.909	0.044	0.214	0.044	0.214	0.003
RES-PHM IE	0.024	0.014	1.714	0.005	0.065	0.002	0.057	0.025
TEC DE	0.082	0.038	2.158	0.007	0.157	0.011	0.159	0.032
TEC-PHM IE	0.041	0.017	2.412	0.015	0.083	0.012	0.078	0.002
MF DE	0.181	0.048	3.771	0.090	0.279	0.090	0.279	0.001
MF-PHM IE	0.047	0.020	2.350	0.017	0.097	0.013	0.092	0.002
EF DE	0.169	0.054	3.130	0.062	0.274	0.064	0.277	0.003
EF-PHM IE	0.067	0.027	2.481	0.024	0.132	0.021	0.127	0.002
Total DE	0.917	0.123	7.455	0.680	1.163	0.683	1.164	0.001
Total IE	0.277	0.092	3.011	0.108	0.473	0.094	0.456	0.002
Total EF	1.194	0.091	13.121	1.027	1.378	1.026	1.375	0.001
EMP-EQU	−0.011	0.020	−0.550	−0.062	0.020	−0.055	0.024	0.599
EMP-RES	0.019	0.018	1.056	−0.011	0.061	−0.013	0.058	0.244
EMP-TEC	0.002	0.015	0.133	−0.033	0.030	−0.032	0.031	0.883
EMP-MF	−0.004	0.018	−0.222	−0.044	0.026	−0.041	0.027	0.819
EMP-EF	−0.024	0.022	−1.091	−0.086	0.005	−0.076	0.009	0.180

注：DE 表示直接效应，IE 表示间接效应。

表 7-6　质量竞争力影响路径分析的结果（二）

因变量	自变量	非标准化参数估计值	标准误差	z	P	假设	标准化参数估计值
人-生产过程交互	员工因素	0.214	0.050	4.293	***	支持	0.214
	设施因素	0.268	0.059	4.540	***	支持	0.242

因变量	自变量	非标准化参数估计值	标准误差	z	P	假设	标准化参数估计值
人-生产过程交互	物料因素	0.120	0.050	2.423	*	支持	0.118
	技术因素	0.205	0.043	4.741	***	支持	0.235
	质量物理环境	0.334	0.055	6.029	***	支持	0.288
	质量管理环境	0.234	0.061	3.852	***	支持	0.184
质量竞争力	员工因素	0.115	0.042	2.715	**	支持	0.131
	设施因素	0.242	0.053	4.588	***	支持	0.249
	物料因素	0.128	0.042	3.082	*	支持	0.144
	技术因素	0.082	0.037	2.222	*	支持	0.107
	质量物理环境	0.169	0.049	3.428	***	支持	0.166
	质量管理环境	0.181	0.052	3.188	**	支持	0.162
	人-生产过程交互	0.201	0.063	3.495	***	支持	0.229

$*** \ P<0.001$；$** \ P<0.01$；$* \ P<0.05$

H7-1 验证：各影响因素（员工因素、设施因素、物料因素、技术因素、质量物理环境、质量管理环境）与质量竞争力密切相关，生产要素表现越好，质量竞争力越好。外生潜在变量（员工因素、设施因素、物料因素、技术因素、质量物理环境、质量管理环境）对应的 z 值分别为 2.715、4.588、3.082、2.222、3.428、3.188，所有的 z 值都大于 1.96，说明各影响因素对质量竞争力有显著的促进作用；同时，各影响因素对质量竞争力作用的大小分别是 0.115、0.242、0.128、0.082、0.169、0.181，都起到了正向刺激效果，即 H7-1 成立。

H7-2 验证：各影响因素（员工因素、设施因素、物料因素、技术因素、质量物理环境、质量管理环境）与人-生产过程交互密切相关，生产要素表现越好，匹配效果越好。外生潜在变量（员工因素、设施因素、物料因素、技术因素、质量物理环境、质量管理环境）对应的 z 值分别为 4.293、4.540、2.423、4.741、6.029、3.852，所有的 z 值都大于 1.96，说明各影响因素对人-生产过程交互有显著的促进作用；同时，各影响因素对质量竞争力作用的大小分别是 0.214、0.268、0.120、0.205、0.334、0.234，都起到了正向刺激效果，即 H7-2 成立。

H7-3 验证：员工因素会通过人-生产过程交互间接影响质量竞争力。员工因素通过人-生产过程交互（EMP-PHM IE）对质量竞争力产生影响的 z 值为 2.529，大于 1.96，具有显著性，影响效应值为 0.043，结合图 7-5

表明，人-生产过程交互在员工因素和质量竞争力之间起到了部分中介的作用，即 H7-3 部分成立。

H7-4 验证：设施因素会通过人-生产过程交互间接影响质量竞争力。设施因素通过人-生产过程交互（EQU-PHM IE）对质量竞争力产生影响的 z 值为 2.571，大于 1.96，具有显著性，影响效应值为 0.054，结合图 7-5 表明，人-生产过程交互在设施因素和质量竞争力之间起到了部分中介作用，即 H7-4 部分成立。

H7-5 验证：物料因素会通过人-生产过程交互间接影响质量竞争力。物料因素通过人-生产过程交互（RES-PHM IE）对质量竞争力产生影响的 z 值为 1.714，略小于 1.96，通过 Bootstrap 运行 1000 次后误差修正显示低值和高值分别为 0.005 和 0.065，不包括 0，因此具有显著性，影响效应值为 0.024。结合图 7-5 表明，人-生产过程交互在物料因素和质量竞争力之间起到了部分中介作用，即 H7-5 部分成立。

H7-6 验证：技术因素会通过人-生产过程交互间接影响质量竞争力。技术因素通过人-生产过程交互（TEC-PHM IE）对质量竞争力产生影响的 z 值为 2.412，大于 1.96，影响效应值为 0.041，结合图 7-5 表明，人-生产过程交互在技术因素和质量竞争力之间起到了部分中介作用，即 H7-6 部分成立。

H7-7 验证：质量物理环境会通过人-生产过程交互间接影响质量竞争力。质量物理环境通过人-生产过程交互（EF-PHM IE）对质量竞争力产生影响的 z 值为 2.481，大于 1.96，影响效应值为 0.067。结合图 7-5 表明，人-生产过程交互在质量物理环境和质量竞争力之间起到了部分中介作用，即 H7-7 部分成立。

H7-8 验证：质量管理环境会通过人-生产过程交互间接影响质量竞争力。质量管理环境通过人-生产过程交互（MF-PHM IE）对质量竞争力产生影响的 z 值为 2.350，大于 1.96，影响效应值为 0.047。结合图 7-5 表明，人-生产过程交互在质量管理环境和质量竞争力之间起到了部分中介作用，即 H7-8 部分成立。

7.4　质量竞争力作用路径分析

本章主要是探索在一个系统内各影响因素对质量竞争力作用的大小，

以及人-生产过程交互是否在这个系统内起到干涉作用,如果存在干涉,影响的力度有多大。Kim 和 Jung(2003)认为需要评估各个外生潜在变量(员工因素、设施因素、物料因素、技术因素、质量物理环境、质量管理环境)对内生潜在变量(人-生产过程交互和质量竞争力)的影响效应。

7.4.1　质量竞争力要素对人-生产过程交互的路径分析

质量竞争力各要素与人-生产过程交互存在间接效应,员工因素对人-生产过程交互有正向作用($\gamma=0.214$,$P=0.000$);设施因素对人-生产过程交互有正向作用($\gamma=0.268$,$P=0.000$);物料因素对人-生产过程交互有正向作用($\gamma=0.120$,$P=0.025$);技术因素对人-生产过程交互有正向作用($\gamma=0.205$,$P=0.002$);质量物理环境对人-生产过程交互有正向作用($\gamma=0.234$,$P=0.002$);质量管理环境对人-生产过程交互有正向作用($\gamma=0.334$,$P=0.002$)(表 7-7)。各质量要素与人-生产过程交互的效应值在 0.1~0.4,其中,质量管理环境对人-生产过程交互影响力度最大,效应值为 0.334,说明质量管理环境更能促进人-生产过程交互融合。

表 7-7　质量要素对人-生产过程交互效应

路径关系	效应值	P 值
员工因素 ≥ PHM	0.214	***
设施因素 ≥ PHM	0.268	***
物料因素 ≥ PHM	0.120	*
技术因素 ≥ PHM	0.205	**
质量物理环境 ≥ PHM	0.234	**
质量管理环境 ≥ PHM	0.334	**

***$P<0.001$;**$P<0.01$;*$P<0.05$

7.4.2　影响因子对质量竞争力的路径分析

各影响因素对质量竞争力的作用大小如表 7-8 所示。其中,员工因素对质量竞争力有正向作用($\gamma=0.115$,$P=0.007$);设施因素对质量竞争力有正向作用($\gamma=0.242$,$P=0.002$);物料因素对质量竞争力有正向作用($\gamma=0.128$,$P=0.003$);技术因素对质量竞争力有正向作用($\gamma=0.082$,$P=0.032$);质量物理环境对质量竞争力有正向作用($\gamma=0.169$,$P=0.000$);

质量管理环境对质量竞争力有正向作用（γ=0.181，P=0.000）；人-生产过程交互对质量竞争力有正向作用（γ=0.201，P=0.000）。各影响因素对质量竞争力的影响效应未表现出很大差距，其中设施因素对质量竞争力的影响力度是0.242，同其他因素对质量竞争力的影响力度相比最大。然而，技术因素对质量竞争力的影响效应为0.082，并未表现出很强的正向关系，这可能与企业的研发需要注入大量资金有关，因为技术创新也是一个摸索的过程，企业很难在短时间内实现技术突破。这并不意味着企业需要放弃或减少创新的投入成本，技术是第一生产力，企业只有不断创新，才能永葆自身竞争力。

表 7-8　各因素对质量竞争力的影响效应

路径关系	效应值	P 值
员工因素 ≥ QCI	0.115	**
设施因素 ≥ QCI	0.242	**
物料因素 ≥ QCI	0.128	**
技术因素 ≥ QCI	0.082	*
质量物理环境 ≥ QCI	0.169	***
质量管理环境 ≥ QCI	0.181	***
人-生产过程交互 ≥ QCI	0.201	***

***P<0.001；**P<0.01；*P<0.05

7.4.3　影响因子通过人-生产过程交互对质量竞争力的路径分析

质量竞争力是由多个子模块组成的复杂系统，一方面各个子模块直接影响质量竞争力，另一方面通过人-生产过程交互这一中介变量对质量竞争力产生影响。此外，由交互形成的质量竞争力并不是把各因素对质量竞争力的影响效应值做加减，而是通过彼此关系确立出新的效应系数。表 7-9 列举了员工因素、设施因素、物料因素、技术因素、质量物理环境和质量管理环境六个模块加入人-生产过程交互后对质量竞争力的影响效应，分别为 0.158、0.296、0.152、0.123、0.236 和 0.228。依据各路径的影响系数，可以更加清晰地找出质量竞争力最佳路径。首先良好的质量环境对质量竞争力的影响效应值最大，影响效应值为 0.464，表明企业质量环境对员工的工作质量影响很大。一方面，企业可以调节日常管理环境正向调动员工的工作质量;另一方面,企业可以为劳动生产者创造和维护良好的工作空间,降低外界因素对员工的干扰,提高员工工作质量水平。其次,设施因素和员工因素与人-生产过程交互对质量竞争力的影响效应较大,分别为 0.296和0.158,一线劳动生产者通过操作生产设备完成生产任务,设备的布局和设备的先进程度直接影响员工的工作效率和质量。

表 7-9　影响因子通过人-生产过程交互的影响路径及其效应

因子	路径	总效应值
员工因素	员工因素→人-生产过程交互→质量竞争力	0.158
设施因素	设施因素→人-生产过程交互→质量竞争力	0.296
物料因素	物料因素→人-生产过程交互→质量竞争力	0.152
技术因素	技术因素→人-生产过程交互→质量竞争力	0.123
质量物理环境	质量物理环境→人-生产过程交互→质量竞争力	0.236
质量管理环境	质量管理环境→人-生产过程交互→质量竞争力	0.228

7.5　本章小结

（1）本章根据第 6 章对质量竞争力影响因子的分析,将第 5 章提出的质量竞争力影响因素影响机理及路径模型细化,提出质量竞争力影响因素影响机理及路径的概念模型。

（2）本章提出理论假设,介绍结构方程模型并定义相关变量,构建结构方程模型,分析模型并进行假设检验。

（3）本章分析了质量竞争力要素对人-生产过程交互的影响路径:员工因素对人-生产过程交互有正向作用;设施因素对人-生产过程交互有正向作用;物料因素对人-生产过程交互有正向作用;技术因素对人-生产过程交互有正向作用;质量物理环境对人-生产过程交互有正向作用;质量管理环境对人-生产过程交互有正向作用。影响因子对质量竞争力的影响分析结果如下:员工因素对质量竞争力有正向作用;设施因素对质量竞争力有正向作用;物料因素对质量竞争力有正向作用;技术因素对质量竞争力有正向作用;质量物理环境对质量竞争力有正向作用;质量管理环境对质量竞争力有正向作用;人-生产过程交互对质量竞争力有正向作用。此外,本章还分析了影响因子通过人-生产过程交互对质量竞争力的影响,依据各路径的影响系数,可以更加清晰地找出质量竞争力最佳路径。

第四篇

总结与展望

第 8 章

主要的研究结论、总结与展望

8.1　主要的研究结论

根据以上案例分析，结合贵州省装备制造业发展现状以及高质量发展需求，贵州省装备制造业的质量竞争力还处于中下水平，各影响因素水平及质量竞争力的整体水平要达到期望绩效水平是个长期的过程，生产的主要参与者如政府、企业和员工在提升质量竞争力的过程中会发挥不同的作用，在企业生产系统中，协调好各要素投入力度可以快速、有效地促进质量竞争力提升。结合上文分析结果，本章分别从政府、企业和员工三个层面提出如下对策建议。

（1）从政府的角度看，政府要利用好自身优势，发挥好中介作用，监管企业合作，促进企业合作的良性发展。牵头组织举办员工技能大赛，鼓励企业多多参与，充分发挥主观能动性，积极探索提升员工技能的模式。通过制定相应的人才引进政策和措施，鼓励优秀人才进企业，为企业引进人才牵线搭桥，其中校企合作是一种互利共赢的合作模式，但是目前校企合作的实施情况并不乐观，政府应扮演好中间人角色，搭建校企合作平台，建设一批质量教育基地，推动高校、科研院所与各类企业合作，切实履行法规文件的执行，从而促进校企合作的良性发展。此外政府应严格检测企业的污染情况，从宏观的角度对企业的绿色发展进行部署。目前贵州省装备制造业较为分散，重点产业不突出，能够配套支持的产业较少，这严重制约了整个产业的发展，针对这种情况，贵州省应集中布局装备制造业的产业群，以一个中心带动周边区域，加强企业间的沟通互动，形成特色产业群。同时，在宏观层面，政府应维护良好的市场质量环境，通过健全完善质量评价制度，完善质量安全保障制度，建立完善质量法治保障体系，探索制造业质量管理实践应用。

（2）从企业的角度看，生产是企业的首要任务，因此重视生产，加大生产投入，提高生产水平是重中之重，为了把握住生产参与者的积极性，企业应建立有效的沟通激励机制以及系统的保障机构来提高员工的专业素养和积极性，重视质量环境建设，加强企业质量文化培养。企业应培养员工对质量文化的认识，提升员工自我质量观念与意识。在生产环境下，企业应为劳动者提供良好的作业空间，减少外部环境造成的干扰。在生产过程中，企业应做好"抓源头、保质量、促生产"相关工作。抓源头：原材料质量优劣会直接传递到最终产品形态上，企业在采购原材料时，不仅需要依靠国家宏观质量标准进行招标，还需要根据实际生产特点建立符合自身的质量评价体系。企业可以采取主动策略，通过构建供需双方合作平台，以保证供货商提供安全可靠的生产原料，实现互惠共赢。只有原料得到了有效的保证，才能在市场中获取到赢在"起跑线"的机会。保质量：生产过程中运转的设备、操作的技术等都是保证产品质量的核心要素，设备资源的合理配置、运转性能、生产稳定可靠等特点可以减少直接由硬件引发的质量事故。在技术方面，企业要切合自身发展的模式引进人才、加大创新力度的投入，优化生产工艺流程。促生产：企业根据自身生产能力和现状，通过优化流程重组的方式或更替生产设备来提升生产力，可以利用"互联网＋"背景，采用大数据、智能制造等新兴技术进行信息化、智能化生产建设。人才是每个企业发展的基石，企业可以通过组织培训、交流学习、技能创新大赛等方式培养员工的综合素质能力。同时，企业也应鼓励员工反馈企业的质量管理措施实行效果，奖励员工提出有关质量竞争力改进措施，带动员工参与企业质量活动。

（3）从员工的角度看，作为生产过程中的主体，劳动生产者扮演着重要的角色。员工可以通过主动参与技能大赛和相应的技能培训以提升专业素养，在实际工作中应注重产品质量的把握，将所学技术用于实际，应注重提升自身动手能力和沟通能力，学以致用，保证所生产产品的品质，除此之外，对于生产现场的维护应严格按照企业的要求进行，杜绝"脏乱差"的生产环境。员工还能够督促企业的管理实行效果，对于不合适、不恰当的地方应及时上报，参与企业管理能力的提升过程，主动做绿色生产的行动者，在生产过程中避免浪费，共同维护企业质量环境。

8.2　总　　结

随着我国装备制造业的逐年发展，装备制造业在国民经济中的支柱地位日渐凸显，我国装备制造企业的实力也在突飞猛进，装备制造企业在国民经济体系中占据着中流砥柱的作用，在此基础上，以产品取代数量赢得市场的理念也越来越被接受，"企业振兴，质量先行"的发展理念逐步得到企业重视，以质量求生存、以质量求发展和向质量要效益逐步列为企业发展的纲领，贵州省的装备制造业是贵州省的特色产业，从三线建设期间延续到现在，装备制造业在贵州省的发展如火如荼，不仅成为贵州省经济的主要来源，还是贵州省内解决就业的关键行业，但是从近些年的数据中可以看出，贵州省装备制造业在实际的生产过程中存在发展缓慢、投入少、产业集群程度弱、设备落后、人才匮乏、严重依赖资源等问题，并且在全国范围内的竞争力较弱。因此，如何提高贵州省装备制造业质量竞争力水平，使得该产业能在市场竞争中获得有利地位是当前实施"工业强省"战略的关键环节，采用科学手段对质量竞争力提升水平进行综合评价，有助于总结经验和挖掘该产业的发展潜力，为贵州省装备制造业可持续发展提供科学的参考依据。在对国内外现有质量竞争力评价方法与内容进行充分分析的基础上，本书基于结构方程模型和系统动力学的方法来分别构建符合贵州省装备制造企业的实际情况的质量竞争力结构方程模型，并选取贵州省具有代表性的装备制造企业为研究对象进行实证分析。

本书的研究工作总结如下。

（1）本书首先深入研究了系统动力学理论和人因可靠性理论，分析了将系统动力学用于质量竞争力评价的可行性，以及人因可靠性用于质量竞争力的可行性和必要性。

（2）本书在现有研究的基础上，结合实地调研的结果提出了质量竞争力的内涵。全面分析了质量竞争力的影响，综合运用理论分析、频度统计和专家咨询法，将质量竞争力的影响因素分为两大维度：质量资源维度和质量环境维度。其中，质量资源维度按属性分为员工因素、设施因素、技术因素、物料因素，质量环境维度按属性可以分为质量管理环境和质量物理环境，并从人-生产过程交互角度研究其与质量竞争力形成之间的联系。同时选取了包括生产水平、创新能力、管理能力、可持续发展等影响质量竞争力评价的关键指标，明确了各个指标的含义，构建了质量竞争力评价的指标体系。

（3）本书分析了质量竞争力的系统动力学特征，明确了系统动力学对质量竞争力评价的适用性。在已经构建的评价体系的基础上，构建了质量竞争力评价的因果关系图，设定了质量竞争力评价系统动力学模型的边界条件，并利用熵权法等方法确定了相关指标的初始值。

（4）本书通过系统动力学软件 Vensim PLE 平台，从生产水平、创新能力、管理能力及可持续发展几个方面建立了质量竞争力评价的系统动力学模型，设定了模型中的变量方程及初始值等。

（5）本书结合贵州省装备制造业的现状和质量竞争力的评价情况，设定质量竞争力评价系统动力学模型中的状态变量初始值和常量值，仿真模拟贵州省 20 年质量竞争力评价变化趋势情况，最后得出各个因素影响程度。

（6）本书结合结构方程特征，明确了结构方程对质量竞争力测量的适用性，构建了质量竞争力影响因素及作用路径的研究模型图。

（7）本书通过结构方程软件 Amos，从员工因素、设施因素、技术因素、物料因素、质量环境因素和人–生产过程交互六个方面建立质量竞争力结构方程模型。

（8）本书结合贵州省装备制造业的发展现状，构建了贵州省装备制造企业调查问卷，并对贵州省若干家相关企业进行调研分析，最后得出了各个因素影响程度及路径关系。

本书结合装备制造业的相关特点，分析研究了质量竞争力，从微观层面挖掘企业内部质量竞争力核心影响要素，通过实地调研了解贵州省装备制造业的实际情况，将熵权法与系统动力学相结合，仿真分析了贵州省装备制造业的质量竞争力情况，并以人因可靠性理论为视角提出了质量竞争力的特性和内涵；借助软件 SPSS 22.0，采用多次回归的方法来识别质量竞争力的关键影响因子，并用 Amos 22.0 通过结构方程模型方法研究影响因素对质量竞争力的影响机理，构建"指标要素–质量竞争力"的关系模型，依据路径系数分析影响因素与质量竞争力的内在联系，根据仿真结果，给出了相关意见和建议，方便管理者可以有针对性地对资源进行更合理的配置，从而提高质量竞争力水平，具有重要的理论和实际意义。

8.3 展　　望

质量竞争力尚且处于初步发展阶段，本书对质量竞争力的研究仍有部分遗漏，但随着研究的不断深入，质量竞争力系统也将会逐步完善，对于如下环节仍然需要深入探索和发掘。

（1）本书数据来源于贵州省装备制造企业，该区域装备制造业发展水平处于国内末列，所得到的研究结论仅仅适用于该区域装备制造企业，因此缺乏代表性。后期的研究可以突破区域限制进行综合性研究，此外，由于贵州省装备制造企业以重工业为主，后续也可以将研究扩散到不同性质的装备制造业，可以继续补充质量竞争力维度。

（2）质量竞争力系统具有长期性和动态性，企业实际生产过程中并不仅限于本书中的因素；质量竞争力内部系统依旧处于黑箱状态，影响因素之间的关系仍然需要继续探索，只有对质量竞争力系统内部结构有清晰透彻的认识，才能有针对性地为提升质量竞争力提供相关建议。

（3）仿真分析模型的前提是确定各个因素的初始值，但是不同的数学方法在确定初始值的过程中的侧重点不同，因此，采用什么样的数学方法对模型中各因素间的函数关系进行量化是模型成功的关键，由此可得在对因素间函数关系的确定方面需要更加深入和严谨，只有这样才能提高模型与现实系统的相像程度。

参 考 文 献

波特 M. 1997. 竞争战略[M]. 陈小悦译. 北京: 华夏出版社.

陈克杰, 隋丽辉. 2010. 基于过程方法的企业绿色质量管理体系研究[J]. 科技与管理, 12(3): 43-46.

陈涛威, 朱凌, 魏可慰. 2018. 考虑人因可靠性的调度操作风险评估及应用[J]. 科学技术与工程, (1): 240-245.

陈泽聪, 徐钟秀. 2006. 我国制造业技术创新效率的实证分析: 兼论与市场竞争的相关性[J]. 厦门大学学报(哲学社会科学版), (6): 122-128.

程虹, 陈川. 2015. 制造业质量竞争力理论分析与模型构建[J]. 管理学报, 12(11): 1695-1702.

达夫特 R L, 诺伊 L A. 2004. 组织行为学[M]. 杨宁, 闫鲜宁, 余维佳译. 北京: 机械工业出版社.

迪隆. 1990. 人的可靠性[M]. 上海: 上海科学技术出版社.

董敏杰, 梁泳梅, 李钢. 2011. 环境规制对中国出口竞争力的影响: 基于投入产出表的分析[J]. 中国工业经济, (3): 57-67.

傅京燕, 李丽莎. 2010. 环境规制、要素禀赋与产业国际竞争力的实证研究: 基于中国制造业的面板数据[J]. 管理世界, (10): 87-98, 187.

高文鞠, 綦良群. 2020. 科技人才、全要素生产率与装备制造业高质量发展[J]. 中国科技论坛, (9): 84-95.

高晓宁, 胡威, 臧国全. 2022. 科研数据共享效率影响因素系统动力学仿真分析[J]. 情报理论与实践, (8): 103, 146-153.

郭波, 武小悦. 2002. 系统可靠性分析[M]. 长沙: 国防科技大学出版社.

何方, 紫石. 2011. 生产现象质量管理(之四): 物料的按阶段分级、分种、分类管理[J]. 质量与可靠性, (3): 32-37.

何桢, 韩亚娟, 张敏, 等. 2008. 企业管理创新、整合与精益六西格玛实施研究[J]. 科学学与科学技术管理, 29(2): 82-85, 107.

贾乐刚, 杨军. 2015. 基于 AHP-熵权法的电动汽车充电站运行能效评估[J]. 电力建设, 36(7): 209-215.

蒋家东. 2004. 质量竞争力指数(QCI)研究分析[J]. 航空标准化与质量, (1): 13-17.

蒋家东. 2005. 企业质量竞争力的内涵及其评价方法[J]. 航空标准化与质量, (3): 17-21.

金碚. 2003. 企业竞争力测评的理论与方法[J]. 中国工业经济, (3): 5-13.

李卫红. 2011. 基于卓越绩效评价准则的制造业质量竞争力评价[J]. 科技管理研究, 31(22): 44-47.

李玉民. 2012. 基于系统动力学的报废汽车回收物流"养老金"制度分析[J]. 系统科学学报,

20(3): 71-74, 78.

龙升照. 2003. 人–机–环境系统工程研究进展(第六册)[M]. 北京: 海洋出版社.

路璐. 2007. 中国制造企业质量竞争力现状调查及分析研究[D]. 天津: 天津大学.

马庆国. 2004. 管理科学研究方法与研究生学位论文的评判参考标准[J]. 管理世界, (12): 99-108.

马庆喜, 方淑芬. 2005. 企业竞争力理论及其评价研究[J]. 商业研究, (4): 115-120.

毛帅. 2013. 工业企业质量竞争力指数体系研究[J]. 能源技术与管理, 38(5): 168-170.

宁连举, 李萌. 2011. 基于因子分析法构建大中型工业企业技术创新能力评价模型[J]. 科研管理, 32(3): 51-58.

牛占文, 褚菲, 张洪亮. 2011. 基于因子分析的生产过程维度下精益实施能力分析及评价研究[J]. 科学学与科学技术管理, 32(9): 111-116.

邱皓政, 林碧芳. 2009. 结构方程模型的原理与应用[M]. 北京: 中国轻工业出版社.

宋歌. 2020. 以工业互联网助推中国装备制造业高质量发展[J]. 区域经济评论, (4): 100-108.

苏秦, 王洁, 刘丹. 2016. 技术创新和产业组织对重大装备产品质量竞争力的影响[J]. 软科学, 30(2): 1-4.

苏维词. 2000. 贵州喀斯特山区生态环境脆弱性及其生态整治[J]. 中国环境科学, 20(6): 547-551.

孙良泉, 刘欣欣, 魏洁. 2017. 区域制造业质量竞争力评价体系研究: 基于推动质量转型升级基础之上[J]. 质量与标准化, (4): 53-56.

孙志强, 史秀建, 刘凤强, 等. 2008. 人为差错成因分析方法研究[J]. 中国安全科学学报, 18(6): 21-27.

泰勒 F. 2013. 科学管理原理[M]. 马风才译. 北京: 机械工业出版社.

唐萌. 2014. 制造业企业质量竞争力评价模型研究[D]. 杭州: 浙江大学.

唐晓芬. 2002. 质量竞争力研究[J]. 上海质量, (10): 12-16.

田红娜, 毕克新, 夏冰, 等. 2012. 基于系统动力学的制造业绿色工艺创新运行过程评价分析[J]. 科技进步与对策, 29(13): 112-118.

王侃. 2006. 基于科学发展观的质量与企业质量竞争力的探讨[J]. 理论月刊, (11): 32-34.

王侃, 文昌俊. 2007. 基于过程能力的制造企业质量竞争力模型研究[J]. 中国机械工程, (14): 1691-1693.

王涛, 陈国华. 2007. 基于 AHP 方法的质量竞争力评价模型[J]. 现代冶金, 35(5): 68-73.

王文璇, 文昌俊, 张小萌. 2016. 湖北省中小企业制造质量竞争力评价模型研究[J]. 湖北工业大学学报, 31(4): 45-48.

温德成. 2005. 产品质量竞争力及其构成要素研究[J]. 世界标准化与质量管理, (6): 4-8.

吴明隆. 2010. 结构方程模型: AMOS 的操作与应用[M]. 重庆: 重庆大学出版社.

肖国清, 陈宝智. 2001. 人因失误的机理及其可靠性研究[J]. 中国安全科学学报, 11(1): 22-26.

肖骏. 2014. 基于质量竞争力指数的江西省装备制造业质量竞争力研究[D]. 南昌: 南昌大学.

谢靖, 廖涵. 2017. 技术创新视角下环境规制对出口质量的影响研究: 基于制造业动态面板数据的实证分析[J]. 中国软科学, (8): 55-64.

信桂新, 杨朝现, 杨庆媛, 等. 2017. 用熵权法和改进 TOPSIS 模型评价高标准基本农田建设后效应[J]. 农业工程学报, 33(1): 238-249.

许瑞超. 2004. 企业竞争力理论综述[J]. 河南教育学院学报(哲学社会科学版), (6): 96-98.

薛玮. 2014. 新疆乳制品企业质量竞争力评价与提升研究[D]. 长沙: 中南大学.

杨浩雄, 李金丹, 张浩, 等. 2014. 基于系统动力学的城市交通拥堵治理问题研究[J]. 系统工程理论与实践, 34(8): 2135-2143.

杨仁发, 郑媛媛. 2020. 环境规制、技术创新与制造业高质量发展[J]. 统计与信息论坛, (8): 73-81.

杨婷婷. 2022. 基于灰色理论的炼油产品质量管理有效性评价方法[J]. 天津化工, 36(4): 49-51.

杨文彩. 2007. 企业信息化环境下人–信息系统交互效率影响因素及作用机理研究[D]. 重庆: 重庆大学.

杨文彩, 易树平, 丁婧, 等. 2007. 制造业信息化环境下人–信息系统交互效率影响因素的因子分析[J]. 科研管理, 28(6): 159-166.

杨芷晴. 2016. 基于国别比较的制造业质量竞争力评价[J]. 管理学报, 13(2): 306-314.

易树平, 杨文彩, 王海霞, 等. 2007. 匹配性因素对人–信息系统交互效率的影响机理初探[J]. 系统工程, (10): 105-110.

尹鹏, 杨仁树, 丁日佳, 等. 2013. 基于熵权法的房地产项目建筑质量评价[J]. 技术经济与管理研究, (3): 3-7.

余红伟. 2016. 基于质量转型视角的区域制造业竞争力测评与分类[J]. 湖北社会科学, (2): 84-90.

余红伟, 胡德状. 2015. 中国区域制造业质量竞争力测评及影响因素分析[J]. 管理学报, 12(11): 1703-1709.

张波, 虞朝晖, 孙强, 等. 2010. 系统动力学简介及其相关软件综述[J]. 环境与可持续发展, 35(2): 1-4.

张俊, 孔庆华. 2009. 流水线作业姿势的疲劳分析[J]. 现代制造工程, (10): 58-61.

张俊光, 宋喜伟, 杨双. 2017. 基于熵权法的关键链项目缓冲确定方法[J]. 管理评论, 29(1): 211-219.

张英杰. 2004. 企业质量竞争力及其评价体系研究[D]. 上海: 同济大学.

张月义, 韩之俊. 2006. 基于 AHP 和 Fuzzy 的企业质量竞争力综合评价方法[J]. 商业研究, (21): 15-18.

张忠, 金青. 2015. 服务型制造质量竞争力模型构建与评价[J]. 制造业自动化, (2): 76-79.

张忠, 李卫红, 丁兆国. 2010. 基于制造业的质量竞争力模型构建与评价[J]. 科技管理研究, 30(24): 39-41, 59.

章穗, 张梅, 迟国泰. 2010. 基于熵权法的科学技术评价模型及其实证研究[J]. 管理学报, 7(1): 34-42.

赵爱英, 牛晓霞, 沈子兰. 2020. 我国制造业高质量发展的难点及其路径[J]. 西安财经大学学报, 33(6): 49-57.

赵吉峰, 邵桂华. 2022. 我国竞技体育高质量发展的系统动力学模型与模拟仿真[J]. 上海体育学院学报, 46(3): 50-61.

甄晓非. 2014. 基于质量竞争力的制造企业质量成本控制系统研究[D]. 哈尔滨: 哈尔滨工程大学.

郑霞忠, 郭雅薇, 石法起, 等. 2016. 塔机作业模糊认知可靠性与失误分析方法研究[J]. 中国安全科学学报, 26(6): 98-103.

"制造强国的主要指标研究"课题组. 2015. 制造强国的主要指标[J]. 中国工程科学, 17(7): 7-19.

钟永光, 钱颖, 于庆东, 等. 2006. 系统动力学在国内外的发展历程与未来发展方向[J]. 河南科技大学学报(自然科学版), (4): 101-104.

周前祥, 王春慧. 2009. 操作者全身疲劳的评价方法综述[J]. 航天医学与医学工程, 22(3): 226-230.

邹志红, 孙靖南, 任广平. 2005. 模糊评价因子的熵权法赋权及其在水质评价中的应用[J]. 环境科学学报, 25(4): 552-555.

Al-Shuaibi K M, Zain M, Kassim N. 2016. Performance indicators for quality, innovation, and competitiveness: a survey on the Saudi manufacturing sector [J]. International Business Research, 9(2): 99-113.

Anderson J C, Rungtusanatham M, Schroeder R G, et al. 1995. A path analytic model of a theory of quality management underlying the deming management method: preliminary empirical findings[J]. Decision Sciences, 26(5): 637-658.

Antony J, Leung K, Knowles G, et al. 2002. Critical success factors of TQM implementation in Hong Kong industries[J]. International Journal of Quality & Reliability Management, 19(5): 551-566.

Besik D, Nagurney A. 2017. Quality in competitive fresh produce supply chains with application to farmers' markets[J]. Socio-Economic Planning Sciences, 60: 62-76.

Boonzaier B, Ficker B, Rust B. 2001. A review of research on the job characteristics model and the attendant job diagnostic survey[J]. South African Journal of Business Management, 32(1): 1-24.

Brust P J, Gryna F M. 2002. Quality and economics: five key issues[J]. Quality Progress, (10): 64-69.

Cai F, Jiang J D. 2008. Quality Competitiveness Index (QCI) model based on experts' rules and ANN[R]. International Symposiums on Information Processing.

Cao J, Wang L L, Mu X P. 2013. The research on product quality competitiveness based on innovation[R]. International Conference on Machinery, Materials Science and Engineering Applications.

Cao Y, You J X. 2017. The contribution of environmental regulation to technological innovation and quality competitiveness: an empirical study based on Chinese manufacturing enterprises[J]. Chinese Management Studies, 11(1): 51-71.

Chang Y H J, Mosleh A. 2007. Cognitive modeling and dynamic probabilistic simulation of operating crew response to complex system accidents. Part 2: IDAC performance influencing factors model[J]. Reliability Engineering & System Safety, 92(8): 1014-1040.

Chen H H, Chen S C. 2009. The empirical study of automotive telematics acceptance in Taiwan: comparing three technology acceptance models[J]. International Journal of Mobile Communications, 7(1): 50-65.

Chen Y S, Lai S B, Wen C T. 2006. The influence of green innovation performance on corporate advantage in Taiwan[J]. Journal of Business Ethics, 67(4): 331-339.

Cho Y S, Jung J Y, Linderman K. 2017. The QM evolution: behavioral quality management as a firm's strategic resource[J]. International Journal of Production Economics, 191: 233-249.

Cooper D R, Schindler P S. 2001. Business Research Methods[M]. New York: McGraw-Hill International Edition.

Cooper R G. 1992. The new product system: the industry collaborative experience[J]. Journal of Product Innovation Management, 9(2): 13-27.

Crosby P B. 1979. Quality Is Free: The Art of Making Quality Certain[M]. New York: McGraqw Hill Book Company.

Domingo R T. 2002. Global Competitiveness through Total Quality [EB/OL]. https://www.rtdonline.com/BMA/QM/9.html[2022-07-12].

Dubey R, Gunasekaran A. 2015. Exploring soft TQM dimensions and their impact on firm performance: some exploratory empirical results[J]. International Journal of Production Research, 53(2): 371-382.

Dubey R, Singh T. 2013. Soft TQM for sustainability: an empirical study on Indian cement industry and its impact on organizational performance[C]//Luo I W. Mechanism Design for Sustainability. Berlin: Springer Netherlands: 77-104.

Fagerberg J. 1994. Technology and international differences in growth rates[J]. Journal of Economic Literature, 32(3): 1147-1175.

Feigenbaum A V. 1956. Total quality control[J]. Harvard Business Review, 34(6): 93-101.

Flynn B, Schroeder R G, Sakakibara S. 1995. The impact of quality management practices on performance and competitive advantage[J]. Decision Sciences, 26(5): 659-691.

Fynes B, Voss C, de Búrca S. 2005. The impact of supply chain relationship quality on quality performance[J]. International Journal of Production Economics, 96(3): 339-354.

Ghalayini A M, Noble J S, Crowe T J. 1997. An integrated dynamic performance measurement system for improving manufacturing competitiveness[J]. International Journal of Production Economics, 48(3): 207-225.

Ginevičius R, Trishch H, Petraškevičius V. 2015. Quantitative assessment of quality management systems' processes[J]. Economic Research Ekonomska Istraživanja, 28(1): 1096-1110.

Greenan K, Humphreys P, Mcivor R. 1997. The green initiative: improving quality and competitiveness for European SMEs[J]. European Business Review, 97(5): 208-214.

Hair J F,Jr, Anderson R E, Tatham R L, et al. 1998. Multivariate Data Analysis[M]. New York: Prentice Hall .

Hair J F,Jr, Black W C, Babin B J, et al. 2010. Multivariate Data Analysis: A Global Perspective[M]. 7th ed. New York: Prentice Hall.

Hwang C T, Hwang S L. 1990. A stochastic model of human errors on system reliability[J]. Reliability Engineering & System Safety, 27(2): 139-153.

Jung J Y, Hong S. 2008. Organizational citizenship behaviour (OCB), TQM and performance at the maquiladora[J]. International Journal of Quality & Reliability Management, 25(8): 793-808.

Juran J M. 1986. The quality trilogy[J]. Quality Progress, 19(8): 19-24.

Juran J M. 1992. Juran on Quality by Design[M]. New York: Simon & Schuster.

Kafetzopoulos D P, Gotzamani K D. 2014. Critical factors, food quality management and organizational performance[J]. Food Control, 40(1): 1-11.

Kaneko M, Munechika M. 2012. Extraction procedure of competitive advantage factors in a target business area for conducting self-assessment and re-design of quality management system[J]. Asian Journal on Quality, 13(1): 53-66.

Ketsarapong S, Ketsarapong P. 2016. The application of a quality system for poultry production at Smes in Thailand to enhance sustainable competitiveness[R]. MakeLearn and TIIM Joint International Conference 2016.

Khan R M. 2013. Problem Solving and Data Analysis Using Minitab: A Clear and Easy Guide to Six Sigma Methodology[M]. Hoboken: John Wiley & Sons, Ltd.

Kim J W, Jung W. 2003. A taxonomy of performance influencing factors for human reliability analysis of emergency tasks[J]. Journal of Loss Prevention in the Process Industries, 16(6): 479-495.

Kumar A, Motwani J, Douglas C, et al. 1999. A quality competitiveness index for benchmarking [J]. Benchmarking: An International Journal, 6(1): 12-21.

Kumar A, Stecke K E, Motwani J. 2002. A quality index-based methodology for improving competitiveness: analytical development and empirical validation[D]. Ann Arbor: University of Michigan Business School.

Kyriakidis M, Majumdar A, Ochieng W Y. 2015. Data based framework to identify the most significant performance shaping factors in railway operations[J]. Safety Science, 78: 60-76.

Mao Y H, Xu T. 2011. Research of 4M1E's effect on engineering quality based on structural equation model[J]. Systems Engineering Procedia, 1: 213-220.

Martínez-Lorente A R, Dewhurst F, Dale B G. 1998. Total quality management: origins and evolution of the term[J]. TQM Magazine, 10(5): 378-386.

Milisavljević S, Mitrović S, Nešić L G, et al. 2013. The level of correlation between cultural values and system of customer relationship management[J]. Tehničk Vjesnik, 20(6): 1037-1042.

Munck-Ulfsf U, Falck A, Forsberg A, et al. 2003. Corporate ergonomics programme at Volvo Car Corporation[J]. Applied Ergonomics, 34(1): 17-22.

Murray J A, O'Gorman C. 1994. Growth strategies for the smaller business[J]. Strategic Change, 3(3): 175-183.

Naor M, Goldstein S M, Linderman K W, et al. 2010. The role of culture as driver of quality management and performance: infrastructure versus core quality practices[J]. Decision Sciences, 39(4): 671-702.

Nunnally J C. 1978. Psychometric Theory[M]. New York: McGraw-Hill.

Pereira Z L, Aspinwall E. 1997. Total quality management versus business process re-engineering[J]. Total Quality Management, 8(1): 33-40.

Phillips L W, Chang D R, Buzzell R D. 1983. Product quality, cost position and business performance: a test of some key hypotheses[J]. Journal of Marketing, 47(2): 26-43.

Phillips R O, Sagberg F. 2014. What did you expect? CREAM analysis of hazardous incidents occurring on approach to rail signals[J]. Safety Science, 66(9): 92-100.

Porter M E. 1983. Industrial organization and the evolution of concepts for strategic planning: the new learning[J]. Managerial & Decision Economics, 4(3): 172-180.

Powell T C. 1995. Total quality management as competitive advantage: a review and empirical study[J]. Strategic Management Journal, 16(1): 15-37.

Prajogo D I. 2005. The comparative analysis of TQM practices and quality performance between manufacturing and service firms[J]. International Journal of Service Industry Management, 16(3): 217-228.

Prajogo D I, Sohal A S. 2003. The relationship between TQM practices, quality performance and innovation performance: an empirical examination[J]. International Journal of Quality & Reliability Management, 20(8): 901-918.

Prajogo D I, Sohal A S. 2006. The integration of TQM and technology/R&D management in determining quality and innovation performance[J]. Omega, 34(3): 296-312.

Pralahalad C K, Hamel G. 1990. The core competence of the corporation[J]. Harvard Business Review, (5/6): 79-93.

Priem R L, Butler J E. 2001. Is the resource-based "view" a useful perspective for strategy management research?[J]. The Academy of Management Review, 66: 92-100.

Rahman S U, Bullock P. 2005. Soft TQM, hard TQM, and organisational performance relationships: an empirical investigation[J]. Omega, 33(1): 73-83.

Read G J M, Lenné M G, Moss S A. 2012. Associations between task, training and social environmental factors and error types involved in rail incidents and accidents[J]. Accident Analysis & Prevention, 48: 416-422.

Samson D, Terziovski M. 1999. The relationship between total quality management practices and operational performance[J]. Journal of Operations Management, 17(4): 393-409.

Shafaei R. 2009. An analytical approach to assessing the competitiveness in the textile industry[J]. Journal of Fashion Marketing & Management, (1): 20-36.

Shewhart W A. 1939. Statistical Method from the Viewpoint of Quality Control[M]. Lancaster: Lancaster Press Inc.

Shewhart W A, Deming W E. 1942. Statistical method from the viewpoint of quality control[J]. The American Mathematical Monthly, 49(3): 188.

Štimac H, Šimić M L. 2012. Competitiveness in higher education: a need for marketing orientation and service quality[J]. Economics & Sociology, 5(2): 23-34.

Straub D W. 1989. Validating Instruments in MIS Research[J]. Mis Quarterly, 1989, 13(2): 147-169.

Subramani M. 2004. How do suppliers benefit from information technology use in supply chain relationships?[J]. Mis Quarterly, 28(1): 45-73.

Teece D J, Pisano G, Shuen A. 1997. Dynamic capabilities and strategic management[J]. Strategic Management Journal, 18(7): 509-533.

Wernerfelt B. 1984. A resource-based view of the firm[J]. Strategic Management Journal, 5(2): 171-180.

Yee R W Y, Yeung A C L, Cheng T C E, et al. 2013. Market competitiveness and quality performance in high-contact service industries[J]. Industrial Management & Data Systems, 113(4): 573-588.

Zeng J, Phan C A, Matsui Y. 2015. The impact of hard and soft quality management on quality and innovation performance: an empirical study [J]. International Journal of Production Economics, 162: 216-226.

Zeng J, Zhang W Q, Matsui Y, et al. 2017. The impact of organizational context on hard and soft quality management and innovation performance[J]. International Journal of Production Economics, 185: 240-251.

Zu X X. 2009. Infrastructure and core quality management practices: how do they affect quality?[J]. International Journal of Quality & Reliability Management, 26(2): 129-149.

附　　录

A　质量竞争力调查问卷

尊敬的女士/先生：

您好！我们是贵州大学制造业质量竞争力课题研究小组，感谢您在百忙之中完成这份问卷。本次研究结果的可靠性取决于您是否表达了真实的想法，您的认真填写是提高本研究数据质量的保证。您所填写的一切信息仅作为学术研究之用，绝不会对外披露。

十分感谢您的支持与合作，祝您生活愉快！

第一部分　基本信息

（请您根据自身真实情况，在相应的"□"上打"√"）

1. 您的性别

□ 男　　□ 女

2. 您的年龄

□ 20～30 岁　　□ 31～40 岁　　□ 41～50 岁　　□ 50 岁以上

3. 您的学历

□ 高中及以下　　□ 专科　　□ 本科　　□ 硕士及以上

4. 您从事本工作的时间

□ 5 年以下　　□ 5～10 年　　□ 10～15 年　　□ 15 年及以上

5. 您的职位是或者相当于是

□ 基层员工　　□ 基层管理者　　□ 中层管理者　　□ 高层管理者

6. 您所在的企业性质属于

□ 国有企业　　□ 民营企业　　□ 外资企业　　□ 中外合资企业

□ 其他

7. 您所在的企业规模

□ 500 人以下　　□ 500～1000 人　　□ 1000～2000 人　　□ 2000 人及以上

8. 您所在的企业年产值

□ 100 万元以下　　□ 100 万～1000 万元　　□ 1000 万～5000 万元

□ 5000 万元及以上

9. 所属行业

□ 电子信息产品制造业　□ 汽车制造业　□ 石油化工及精细化制造业

□ 精品钢材制造业　　□ 高端装备制造业　□ 生物医药制造业

□ 船舶与海洋工程装备业　□ 航空航天产业　□ 新能源产业

□ 新材料产业　□ 轻工业　□ 其他

第 二 部 分

员工因素（请问下列因素对贵企业质量竞争力的影响程度如何？影响程度分为 7 个标准，影响最小是 1 分，影响最大是 7 分。请根据实际情况在您认为合适的数字上打"√"）。

条目	完全不影响←-→影响很大						
员工对工作的满意程度	1	2	3	4	5	6	7
员工的技术水平	1	2	3	4	5	6	7
员工与员工、团队之间信息沟通能力	1	2	3	4	5	6	7
员工对于产品质量方面的知识的学习意愿	1	2	3	4	5	6	7
员工将完成工作任务作为实现自我价值的方式	1	2	3	4	5	6	7

设施因素（请问下列因素对贵企业质量竞争力的影响程度如何？影响程度分为 7 个标准，影响最小是 1 分，影响最大是 7 分。请根据实际情况在您认为合适的数字上打"√"）。

条目	完全不影响←-→影响很大						
企业生产设备布局配置合理，干净整洁	1	2	3	4	5	6	7
企业对生产设备定期进行维护、更换	1	2	3	4	5	6	7
企业生产设备的性能先进，生产出的产品质量优良	1	2	3	4	5	6	7
生产设备有利于节约能源和环境保护，实现洁净化生产	1	2	3	4	5	6	7
企业生产设备的可靠性（即生产中出现残次品能否停止生产）	1	2	3	4	5	6	7

物料因素（请问下列因素对贵企业质量竞争力的影响程度如何？影响程度分为 7 个标准，影响最小是 1 分，影响最大是 7 分。请根据实际情况在您认为合适的数字上打"√"）。

条目	完全不影响←-→影响很大
企业拥有完整的原料质量测评体系	1　2　3　4　5　6　7
企业与供应商建立长期的合作关系	1　2　3　4　5　6　7
供应商参与企业新产品设计过程	1　2　3　4　5　6　7
供应商为企业引进新的产品技术	1　2　3　4　5　6　7
供应商参与企业开展的质量培训	1　2　3　4　5　6　7

技术因素（请问下列因素对贵企业质量竞争力的影响程度如何？影响程度分为 7 个标准，影响最小是 1 分，影响最大是 7 分。请根据实际情况在您认为合适的数字上打"√"）。

条目	完全不影响←-→影响很大
企业技术研发人员的占比	1　2　3　4　5　6　7
企业技术研发人员的素质	1　2　3　4　5　6　7
企业有独特的产品生产技术和生产工艺	1　2　3　4　5　6　7
企业对研究开发经费的投入	1　2　3　4　5　6　7
企业生产工艺流程能够不断优化改进	1　2　3　4　5　6　7

质量环境因素（请问下列因素对贵企业质量竞争力的影响程度如何？影响程度分为 7 个标准，影响最小是 1 分，影响最大是 7 分。请根据实际情况在您认为合适的数字上打"√"）。

条目	完全不影响←-→影响很大
宽敞、明亮的工作环境	1　2　3　4　5　6　7
生产工具和装置摆放	1　2　3　4　5　6　7
生产设备、物料运输等过程产生的噪声	1　2　3　4　5　6　7
工作中的杂事干扰等	1　2　3　4　5　6　7
员工操作台的舒适性	1　2　3　4　5　6　7
部门定期开展质量组会或质量活动	1　2　3　4　5　6　7
鼓励员工提出产品质量合理化建议	1　2　3　4　5　6　7
企业有明确质量发展的战略规划	1　2　3　4　5　6　7
企业将质量理念融入日常工作中	1　2　3　4　5　6　7
企业有一个清晰的质量观来规范我们工作	1　2　3　4　5　6　7

人–生产过程交互因素（请问下列因素对贵企业质量竞争力的影响程度如何？影响程度分为 7 个标准，影响最小是 1 分，影响最大是 7 分。请根据实际情况在您认为合适的数字上打"√"）。

条目	完全不影响 ←-→ 影响很大						
企业对员工进行质量相关培训	1	2	3	4	5	6	7
企业以组团队的方式来解决问题	1	2	3	4	5	6	7
向员工提供明确的工作或流程说明	1	2	3	4	5	6	7
员工具备的知识结构可以满足生产任务的要求	1	2	3	4	5	6	7
员工可以随时获取产品生产质量数据	1	2	3	4	5	6	7
员工有权停止生产过程中存在质量问题的产品	1	2	3	4	5	6	7

质量竞争力（企业质量竞争力可以从下列几个方面进行体现。您认为贵企业在这几个方面的表现如何，请根据企业质量竞争力的实际情况在对应的区间进行勾选）。

条目	完全不同意 ←-→ 完全同意						
在过去三年，客户对产品质量的满意度有所提高	1	2	3	4	5	6	7
在过去三年，企业产品和服务交付得到了改善	1	2	3	4	5	6	7
在过去三年，废品和返工成本占销售额的比例有所下降	1	2	3	4	5	6	7
在过去三年，周期时间（从收到原材料到成品出货）有所下降	1	2	3	4	5	6	7
在过去三年，企业组织的生产力得到提高	1	2	3	4	5	6	7

B　数据处理结果

B1　质量竞争力影响因素量表的信度检验

项目	子项目	校正后的分项数据与总数据之间的相关性	信度	Cronbach's α	
				前	后
员工因素	工作满意	0.648	0.834	0.857	—
	技术水平	0.744	0.809		
	信息分享	0.692	0.823		
	学习意愿	0.702	0.820		
	实现自我价值	0.585	0.851		
设施因素	设备布局配置	0.549	0.612	0.700	0.836
	设备定期更换	−0.061	0.836		
	生产设备的性能先进	0.676	0.549		
	生产设备洁净化生产	0.602	0.592		
	生产设备的可靠性	0.638	0.568		
物料因素	原料质量测评体系	0.655	0.835	0.859	—
	与供应商建立合作	0.745	0.814		
	供应商参与产品设计	0.702	0.823		
	供应商引进新技术	0.684	0.828		
	供应商参与质量培训	0.613	0.850		
技术因素	研发人员的占比	0.747	0.822	0.866	—
	研发人员的素质	0.703	0.834		
	独特生产技术和工艺	0.685	0.838		
	研究经费的投入	0.625	0.852		
	工艺流程持续改进升级	0.682	0.840		

续表

项目	子项目	校正后的分项数据与总数据之间的相关性	信度	Cronbach's α 前	后
质量环境因素	宽敞明亮的环境	0.035	0.809		
	生产工具摆放	0.562	0.743		
	噪声干扰	0.491	0.757		
	工作过程中杂事干扰	0.472	0.759		
	操作台的舒适性	0.491	0.758	0.781	809
	定期开展质量组会	0.494	0.751		
	鼓励员工提出建议	0.532	0.752		
	质量发展规划清晰	0.545	0.750		
	质量理念融入工作	0.561	0.748		
	企业设立激励机制	0.553	0.748		

B2　人-生产过程交互影响因素量表的信度检验

项目	子项目	校正后的分项数据与总数据之间的相关性	信度	Cronbach's α 前	后
人-生产过程交互	质量培训	0.668	0.711		
	团队解决问题	0.656	0.715		
	提供明确操作流程	0.564	0.738	0.887	0.854
	具备生产所需知识	0.683	0.712		
	可以随时获取质量信息	0.636	0.720		
	停止生产缺陷产品	0.058	0.854		

B3　质量竞争力影响因素量表的信度检验

项目	子项目	校正后的分项数据与总数据之间的相关性	信度	Cronbach's α 前	后
质量竞争力	满意度有所提高	0.623	0.885		
	产品和交付得到改善	0.805	0.844		
	废品和返工成本下降	0.630	0.884	0.887	—
	产品生产周期时间下降	0.748	0.857		
	生产力得到提高	0.830	0.837		

B4　质量竞争力影响因素量表旋转后的因子载荷矩阵

项目	子项目	成分	KMO	P	累计方差贡献率
员工因素	技术水平	0.856			
	学习意愿	0.820			
	信息分享	0.816	0.851	0.000	64.058%
	工作满意	0.780			
	实现自我价值	0.724			

续表

项目	子项目	成分	KMO	P	累计方差贡献率
设施因素	生产设备的性能先进	0.863			
	生产设备的可靠性	0.834	0.790	0.000	67.105%
	生产设备洁净化生产	0.817			
	设备布局配置	0.759			
物料因素	与供应商建立合作	0.853			
	供应商参与产品设计	0.822			
	供应商引进新技术	0.810	0.870	0.000	64.600%
	原料质量测评体系	0.783			
	供应商参与质量培训	0.747			
技术因素	研发人员的占比	0.851			
	研发人员的素质	0.819			
	独特生产技术和工艺	0.807	0.873	0.000	65.262%
	工艺流程持续改进升级	0.803			
	研究经费的投入	0.756			

B5　质量环境因素影响因素量表旋转后的因子载荷矩阵

项目	子项目	成分		KMO	P	累计方差贡献率
质量环境因素	质量理念日常化	0.829		0.852	0.000	35.699
	明确质量战略规划	0.814				66.638
	鼓励员工提出建议	0.813				
	晋升激励机制	0.807				
	企业开展质量组会	0.723				
	工作中杂事干扰		0.859			
	生产过程产生的噪声		0.831			
	员工操作台的舒适性		0.827			
	温度、光线、湿度		0.802			

B6　人-生产过程交互影响因素量表旋转后的因子载荷矩阵

项目	子项目	成分	KMO	P	累计方差贡献率
人-生产过程交互	获取产品质量数据	0.834			
	员工培训	0.812			
	团队解决问题	0.796	0.865	0.000	63.485%
	提供工作或流程说明	0.796			
	知识结构满足生产任务	0.743			

B7　质量竞争力因素量表旋转后的因子载荷矩阵

项目	子项目	成分	KMO	*P*	累计方差贡献率
质量 竞争力	生产力得到提高	0.904			
	产品和交付得到改善	0.888			
	产品生产周期时间下降	0.849	0.872	0.000	69.108%
	废品和返工成本下降	0.754			
	满意度有所提高	0.749			

后 记

装备制造业是国民经济的支柱性产业，近年来，制造业高质量发展越来越受到重视，作为制造业企业的核心命脉，高质量发展已经成为企业追寻的首要目标，质量竞争力不仅反映出企业的技术水平，也象征着国家和民族的形象。如何增强企业质量竞争力使其适应不断变化的市场，并获得持久的市场竞争地位，一直备受社会、政府和企业的关注。装备制造企业需要不断提高产品质量水平以适应市场经济的发展，满足人民不断增长的物质需求。因此，如何使装备制造业的投入合理高效地运用是当前需要探讨的问题。

本书撰写过程中遇到许多挑战，但课题组并未轻易放弃，坚持打磨，旨在丰富和发展质量竞争力理论的研究体系，拓宽企业生产、创新、人力资源以及生态环境结合的研究视角，促进几个系统间的耦合发展，同时为加速制造业产业转型、保持制造业可持续发展能力提供有效途径。但限于研究能力，本书在思路整理、结构分配以及文字描述等方面都存在不足，未能做到尽善尽美，但好在学术研究永无止境，今后，我仍然将保持十二万分的热情，不断扩充知识面，完善自身知识体系，更加努力写出更令读者满意的相关著作，以弥补本书的缺憾。

本书前期研究在国内外相关期刊发表，部分论文在发表过程中，匿名审稿人和相关编辑提供了宝贵的修改意见，在此表示衷心的感谢。同时，鉴于国内外部分学者对于该问题已有较成熟的研究成果，本书借鉴参考了众多学者的观点，再次对这些学者表示衷心的感谢。另外，书中所参考的相关文献和数据等资料都尽可能做出了标注，但难免挂一漏万，若有遗漏之处敬请谅解。

衷心感谢科学出版社编辑团队，他们为本书的出版高效而又细致地做了大量的工作。

最后，我要深深地感谢王红蕾教授对课题组的指导和帮助，感谢课题组的王馨、潘世成、莫姝、聂文倩以及每一位成员，不管是本书的研究思路、结构布局、内容编辑和文字撰写都是成员共同努力的结果，他们的坚持和仔细为本书的完成和出版提供了重要的条件，我谨在此向他们表示诚挚的谢意！

王　婷

2023 年 12 月